সব লিখে রাখা হবে

চিন্ময় বিশ্বাস

সব লিখে রাখা হবে

ISBN 978-93-5458-736-8© Chinmoy Biswas 2021Published in India 2021 by PencilA brand ofOne Point Six Technologies Pvt. Ltd.123, Building J2, Shram Seva Premises,Wadala Truck Terminal, Wadala (E)Mumbai 400037, Maharashtra, INDIAE connect@thepencilapp.com

www.thepencilapp.comAll rights reserved worldwideNo part of this publication may be reproduced, stored in or introduced into a retrieval system, or transmitted, in any form, or by any means (electronic, mechanical, photocopying, recording or otherwise), without the prior written permission of the Publisher. Any person who commits an unauthorized act in relation to this publication can be liable to criminal prosecution and civil claims for damages.

সব লিখে রাখা হবে

সমস্ত রকম এডিটিং পি,ডি,এফ পেজ ও ফাইল মেকার -

স্ব- বাক প্রকাশনী

E-mail- bananipatra200@gmail.com

Phone no -9143098660

উৎসর্গ:-

বইখানি আমার বড়মামা স্বর্গীয় তপন দে এবং আমার বড়মাসি স্বর্গীয়া নিভা দে -এ র উদ্দেশ্য ভক্তি সহকারে উৎসর্গ করলাম।

ইতি-

চিন্ময় বিশ্বাস

" সব লিখে রাখা হবে "

কিছু কথা...

শিক্ষা চেতনা ও জীবনবোধ থেকে জাত কিছু কিছু বিশ্বাস মানুষকে এতটাই দৃঢ় এবং সংহত করে তোলে, যা আঁকড়ে সমাজব্যাবস্থার মসৃন প্রথা প্রথের বাইরে ঝোড়ো আকাশের নিচে দাঁড়ানোর সাহস মানুষকে সামাজিক আক্রমনের শিকার করে তোলে। সংস্কারের বিরুদ্ধে সাঁতরানোর বহুদিনের বিশ্বাস, প্রত্যয় দৃঢ়প্রোথিত হতে শুরু হলে রূপ নেয় বহুকালের সুপ্ত স্বপ্ন। বাঁচার জন্যে ক্লেশ-কষ্ট-সংকট আর মৃত্যু সম্ভাবনা অবধি যখন নিজের, তখন উত্থান কিংবা পতন তা নির্ধারনের স্বাধীনতাও নিজেরই থাকবে। থাকতেই হবে। এতে চারপাশের দৃষ্টি কতটা তীর্যক হবে, কীভাবে ক্লেদময় করা হবে স্বপ্ন -- এসব না ভেবে নীলকন্ঠী হয়ে বিষ শুষে নেওয়ার সাহস রাখাটাই জীবনের যথার্থতা বলে আমার মনে হয়...

চিন্ময় বিশ্বাস

কবি পরিচিতি

চিন্ময় বিশ্বাস, পিতা: শ্রী বাবলু বিশ্বাস, মাতা: শ্রীমতী দিপা বিশ্বাস

জন্মস্থান: আলিপুরদুয়ার, পশ্চিমবঙ্গ,

১৪ই নভেম্বর ১৯৮৯ সালে জন্ম, আলিপুরদুয়ার প্রাথমিক বিদ্যালয় থেকে বাল্যশিক্ষা, রবিকান্ত হাই স্কুল থেকে মাধ্যমিক এবং বিবেকানন্দ কলেজ থেকে স্নাতক, লেখালেখির প্রতি আকর্ষন সেই কলেজ জীবন থেকে, কবিতা পড়তে ভালোবাসি, সাময়িক কিছু পত্রিকায় বেশ কিছু লেখা প্রকাশিত হয়েছে,

বর্তমানে মেডিক্যাল স্টাফ হিসেবে কর্মরত, নেশা: জীবননান্দ দাস, শক্তি চট্টোপাধ্যায়ের কবিতাপ্রেমী।

ঠিকানা: Birpara (forest)

Alipurduar

Alipurduar

West bengal

736121

Land mark: near Loknath Mandir

সূচীপত্র

সব লিখে রাখা হবে

সব লিখে রাখা হবে

৭১. কেউ নেই

৭২. নক্ষত্র

৭৩. ছোঁয়াছুঁয়ি

৭৪. স্রোত

৭৫. ব্যর্থতা

৭৬. ফলাফল

৭৭. কালশক্র

৭৮. দাবি

৭৯. ধর্মযুদ্ধ

৮০. Just for you.

নাড়ির টান

চলো আরো একবার হাত লাগাই -

রসাতল থেকে টেনে তুলি

গোটা বিশ্বকে,

কতদিন ছুঁই নি মাটি!

নামি নি মাঠে!

ধুলো পায়ে ফিরি নি ঘরে!

দেখো বন্ধ্যাত্বের অলীক যাতনায় কাঁদছে

নিজীর্ব শস্য,

মাটি নাকি মায়ের মত!

তবু কখনো সখনো শিকড় ছিঁড়ে যায়,

আকাশ ছোঁয়া হয় না!

মাটি পুড়ে পাথর হয়,

পাথর থেকে প্রাসাদ,

সব লিখে রাখা হবে

ভেতরে সাত রাজার ধন- শস্য অফুরান,

বাইরে লুঠতরাজ!

তবে আগুনের ডাকে নয়,

মাটির ডাকে –

চল এবারে দল বাঁধি,

এক নাড়ির টানে টেনে আনি তাদের -

যারা কোনোদিন পায় নি আমন্ত্রণ

বিশ্ব সমৃদ্ধি আয়োজনে!

মানুষকে একবার

মানুষকে একবার মানুষ হয়ে বাঁচতে দাও,

দেখোই না মনুষ্যত্বের মৃত্যুতে সে কাঁদে কিনা!

তারপর না হয় শাষক থেকে তোমরাই

অত্যাচারী হয়ে ওঠো,

হয়ে ওঠো স্বেচ্ছাচারী।

মানুষকে একবার মানুষ হয়ে বাঁচতে দাও,

দেখোই না দেশের ভালোয় দশের ভালোয়

সে দল বাঁধে কিনা!

তারপর না হয় রাজনৈতিক থেকে

তোমরাই কূটনৈতিক হয়ে ওঠো,

হয়ে ওঠো একাধিপতি!

মানুষকে একবার মানুষ হয়ে বাঁচতে দাও,

দেখোই না ক্ষুধার রাজ্যে তার আওয়াজ

কতটা মুখরিত হয়

সব লিখে রাখা হবে

সমানাধিকারের নেপথ্যে!

তারপর না হয় তোমরাই ছিনিয়ে নাও

নির্বিচারে বেঁচে থাকার অধিকার!

পৃথিবী চলুক তোমাদের কর্তৃত্বে!

মানুষকে একবার মানুষ হয়ে বাঁচতে দাও,

দেখোই না রাম-রহিমের কণ্ঠে একই সুরে

উচ্চারিত হয় কিনা অভেদ মন্ত্র!

তারপরই না হয় ধর্মের নামে শুরু কোরো

হানাহানি,

শুরু কোরো সাম্প্রদায়িকতার রক্তযুদ্ধ!

মানুষকে একবার মানুষ হয়ে বাঁচতে দাও,

দেখোই না পৃথিবীতে শান্তি আসে কিনা!

তারপরই না হয়.........

মেয়েটা জানে না

মেয়েটা জানে না -

কিছু পার্কস্ট্রীটের রাস্তায়

সে যেন হ্যামলিনের বাঁশীওয়ালা!

কিছু বখাটে ছেলের দিনলিপি তাইই বলে,

গাদা গাদা বীজগনিতের গোলকধাঁধায় কপালে ভাঁজ

আর অকাজে ঘুরে বেড়ানো,

ইদানীং কোনো কিছুরই উত্তর মিলছে না,

সান্ত্বনার টিমটিমে আলোর সাথে একাত্মতার প্রয়াস,

নিরাভরণ শরীরের ধস্তাধস্তির হট্ কালেকশন

আর একদিকে ওই কামোদ্রেক তনু দেখে

কেউ কেউ চিৎকার করে ওঠে 'ইউরেকা'।

মেয়েটা জানে না বাজারমূল্য,

পরোয়াও করে না,

সব লিখে রাখা হবে

এখনো যাপনচিত্রে শীঘ্রই রাত নামে,

উদাসী হাওয়ায় নড়ে চড়ে ওঠে দুর্নিবার অন্তর্ঘাত,

যা কেউ দেখেনি, কেউ দেখে না,

দারুন মেক-আপে' ভারী সুন্দর দেখায়,

সমস্ত কিছু উড়ে যায়, যখন অন্ধকারে

ভালোবাসা হিসেব মেটায় --

        তারপর দৃশ্যদূষন!

এই মেয়ে শোনো --

বস্তুতঃ তুমি একটা দামী পারফিউম,

তোমায় কেনার মত মোটা টাকা

আমার কাছে নেই!

ফর্মূলা

যাতায়াতের পথে উত্থান অধঃপতনের

বিতর্কিত মঞ্চ,

দ্বিতীয় পথ খুঁজি!

দেয়ালে কান ঠেকালেই

দু-জন মানুষ আলাপে মশগুল,

কথা বিস্ফোরিত হলে

শিরোনামে ঘর ভাঙার গল্প.....

বিবেকের আমদানি বন্ধ!

আটপৌরে কোলাহলে

একের পর এক বার নিজেকে ভোলা,

রক্ত জল হতে সময় নেয়।

সব লিখে রাখা হবে

ঝোঁপঝাড় ছেড়ে খোলা রাস্তায়

একটা রক্তচোষকের জন্ম.....

চোখে পড়লে, ছানি কিংবা

চশমার কাঁচে ফাটল ধরে,

সাক্ষ্যপ্রমানে গোপনীয়তা।

সেই মানুষটা কোথায়

আমি দেখেছি--

সভ্যতা সংস্কৃতির বাঁধন ছিঁড়ে সেই কবে

সময় মিশে গেছে আমৃত্য নগ্নতায়!

ধ্বংসের গহিন গাঢ় অন্ধকারে সেই কবে

শুরু হয়েছে পৃথিবী আর অপরাধের

সব লিখে রাখা হবে

অস্থির আলাপন!

প্রতিনিয়ত বেড়েছে তার গোপনীয়তা,

আমি তখন ভিক্ষে করি,

আমি একাই দুর্ভিক্ষে মরি,

একাই ধরি হাল –

যেখানে কোনোদিন নামে নি বৃষ্টি,

মাটি পায় নি উর্বরতা,

চিঁড় ধরা আকাশ– আসন্ন ভাঙ্গন পর্বে

নির্বাক চোখে চেয়ে দেখে -

পৃথিবী জুড়ে অসংখ্য ছোট্ট কুঠুরি,

প্রতি সীমান্তে ভেদাভেদ,

বেঁচে থাকার পটভুমি --

শুকনো খটখটে মরুভূমি!

আমি সেই মানুষটাকে খুঁজছি,

যে যেতে পারে একাই তীব্র সংঘাতে,

যে একাই দুস্তর পারাবারে,

একাই রাখতে পারে চোখে চোখ,

এক সংস্কৃতির বাঁধনে বাঁধতে পারে

গোটা বিশ্বকে।

সাধ-সাধ্য

তোর প্রোজ্জ্বল উপস্থিতিতে একদিন

মৌন অন্ধকার ভেঙ্গে পেরিয়ে এসেছি

কত শোকবিহ্বল রাত!

আর এখন তুই অতিদূর নক্ষত্রের আলো,

স্মৃতি থেকে এক অনন্ত আবেগে নেমেছে বৃষ্টি,

মনের আকাশে জমেছে কিছু মেঘ,

মন কেমনের ঘরে আমি অস্থির,

অনেকখানি সাধ ছিল –

মেঘের কোলে রোদ এলে

তোকে নিয়ে পালিয়ে যাব

স্বপ্নের সবুজ উপত্যকায়,

স্নিগ্ধ আলোর ছায়ায়,

তোকে দেবো ঝরনা ভেজা পাহাড়,

সব লিখে রাখা হবে

সুগন্ধিত বনানী,

আপন বেগে বয়ে চলা নদী,

আদিগন্ত মাঠ,

যদিও এসবের ক্ষুধা তোর নেই,

এর বেশি কিছু দেবার আমার সাধ্যও নেই!

বড় ভালো আছি....

চলতি পথে অস্তগামী সূর্যের আলো,

কান্না নিয়ে বেঁচে আছে হৃদয়!

বিবর্তন

চারপাশটা ততটাই ভাঙছে,

শেষ শক্তিটুকু দিয়ে ঠিক যতটা ভাঙা যায়।

বিবর্তনের দীর্ঘ পথ,

বহুকাল ধরে লেজে ভর করে

কিংবা লেজ গুটিয়ে হাঁটা,

মূলত বিপন্নতার দিকে।

ভাঙনের কোনো বিরাম নেই,

পরিসীমা নেই,

শব্দ নেই,

সব লিখে রাখা হবে

নিথর হতে হতে বাসযোগ্য পৃথিবী ভেন্টিলেশনে,

জড়তা ভেঙে শেষ শক্তিটুকু দিয়ে কোনোমতে,

পৃথিবীকে শিশুর বাসযোগ্য করে যাবার শপথ।

ক্ষতের প্রলেপে ঘোলাটে চাঁদ -ফরেন্সিক ল্যাব-এ,

রক্তপাতের শেষে রক্তস্রোত -

পা না ভিজিয়ে দিব্যি পথ চলা যায়।

দায়ভার

নিজেকে গুছিয়ে নিতে নিতে

এসে দাঁড়িয়েছো প্রত্যাশার শেষ সীমায়,

মুক্তির খোঁজে অবিরাম ছুটে যেতে যেতে

নিজেই ভেঙেছো কত ঘর!

সবকিছু বেমানান বলেই এখন --

তোমার স্পর্শে বিষ,

বিষ আমারও শিরায় শিরায়,

তোমার দৃষ্টিতে আগুন,

জ্বলছে আমারও দু-জন মানুষের

ছোট্ট কুঠুরি,

ব্যবধান অনেকটা,

তাতে কি-ই বা এসে যায়!

সব লিখে রাখা হবে

তবে এরপর ঘৃনা থাকতে নেই,

যাও, আবার বাঁধো ঘর,

পূর্ণিমার বিমূর্ত চাঁদ

স্নিগ্ধময় জোছনার আলোকে

ভরিয়ে দিক তোমার পৃথিবী,

ভাঙনের ভয় কেটে গিয়ে

গড়ে উঠুক তোমার বসতি,

খাঁচা কিংবা কারাগার

ভাঙতে হলে --

সেদিনও মাথা পেতে নেবো সে দায়ভার।

নিরাময়

একদিন যারা আমার ঘর পুড়িয়েছে,

যারা করেছে একঘরে,

তারাই আজ মানবিকতার দূত,

তারা বিবেচক, তারা বিচারক,

তারা সুসভ্য, তারা চর্চিত,

আমি পরিব্রাজক, তারা এখন উপমা,

আমি শ্রদ্ধার্ঘ্য, তারা শ্রদ্ধেয়,

আমার চরিত্রে দোষ!

শরীরে বুনো বুনো গন্ধ,

আমি মানুষ নই, অসভ্য জানোয়ার!

সব লিখে রাখা হবে

আমি নির্লজ্জ, আমার চেতনায় অশ্লীলতা,

অথচ অনন্তকাল ধরে নগ্নরূপে

বিরাজিত তোমার পৃথিবী নগ্নরূপেই উন্মত্ত,

নগ্ন জন্ম, নগ্ন মৃত্যু

নগ্নতাই ঢেলেছে বিষ জীবনের খানাখন্দে,

যেভাবে কংসের ডাকে জেগেছিল পূতনা,

স্তন ভরা বিষ,

আমি সে বিষ আকণ্ঠ করি পান,

আমি বিষাক্ত, তাই আমার মৃত্যু অবধারিত

তাদের বিচারে, তাদের দায়ভারে!

গান

ওই শোনো --

জমাট নৈঃশব্দ্যের ভেতর থেকে এখনও

কেউ করে চলেছে তোমার সুরের আহ্বান,

এ পৃথিবীর সমস্ত গান -

তোমার সুরেই খুঁজে পেয়েছে পুর্নতার হদিস্‌,

সেই সুরেই মাতবে বলে

প্রতিটি দিনাঙ্ক সাজিয়ে রাখে ছন্দ-তাল,

গাইতে আমিও পারি, তবে-

সে সবকিছু আমার জন্যে নয়,

তাই সুরের কাছাকাছি এসেও

বেজে ওঠে নি কখনো

আমার বেসুরো বাঁশি,

সব লিখে রাখা হবে

তবে আজ -
এটুকু নিশ্চয়তা নিয়েই হোক্‌ দিনযাপন,
দীর্ঘ প্রতীক্ষা শেষে একদিন তুমিই
গেয়ে উঠবে --
ক্ষত বিক্ষত জীবনের গান।

আলোহীন

সাজঘরে পা রাখিনি বহুদিন -
আমার বিদায় পরবেও
আলোয় সাজিয়ে গেছি তোমার উৎসবের
প্রতি রাত,
ছুটে যাই নি কখনো
উৎসব থেকে উৎসবের দিকে,
তবে তোমার চোখের তারায়
নিজেকে দেখার অদম্য ইচ্ছে

সব লিখে রাখা হবে

বুকে বাসা বেঁধেছে লাগামহীন,

বিষাদে ছেয়ে গেছে ঘর দোর,

নিজেকে এতটাই সংযত করেছি -

শেষ আলোটুকু ছিনিয়ে নিলেও নিতে পারো,

আলোহীন হয়ে বেঁচে থাকা

শিখে গেছি অনেক আগেই।

তোমার শহর জুড়ে উৎসবের আড়ম্বর,

খুশির জোয়ার, আলোর রোশনাই,

আমার শহরে সবকিছু এলোমেলো

অগোছালো আগের মতই,

গোছাতে চেয়েও পারছি কই!

ধূসর চেতনায়

আর স্মৃতির মন্থর বেলাভুমিতে দাঁড়িয়ে

কেউ বাজিয়ে চলেছে দিনরাত

বিষাদের সুর,

পালাতে চেয়েও পারছি কই!

কে চেনাবে পথ?

বাস্তব না অহংকার,

সব লিখে রাখা হবে

ইচ্ছে তো হয় -

তোর হাত ধরে হেঁটে যাই

আলোর থেকে আলোর দিকে!

জবরদখল

মৃত্যু যার উপরই নামুক --

আমরাই ইতিহাস দূষক,

আমাদের কোনো ক্ষুধা নেই!

গায়ে হাওয়া লাগিয়ে বেঁচে থাকে ঐতিহ্য,

ছায়া পেলে ক্লান্তি আসে,

আর ঘুম এলে --

সময় একা ঘোরে শহরের অলি গলি রাজপথে।

অতঃপর--

ঘোর অস্বস্তিতে চাঁদ গাছতলায় নামে,

নিশ্চিন্তে খুঁজে বেড়ায় মরা ইঁদুর!

সব লিখে রাখা হবে

কেননা--

রক্ত মাথায় উঠলে

জায়গা যার তারই থাকে।

মানুষ

জলে-স্থলে-অন্তরীক্ষে কেউ

আমাদের কথা শুনুক কিংবা না শুনুক,

আমাদের গল্প জুড়ে যতক্ষন

মৃত্যু মানুষকে শাষায়,

ততক্ষন সবাই অমানুষ -ধরা ছোঁয়ার বাইরে।

খুব সহজে --ডাক পেয়ে

প্রোথিত আড়াল থেকে কেউ দেখিয়ে দেয়

স্বাভাবিক কোঠর, কিন্তু

সমস্ত রেখা সরল হয় না!

তখন মানুষের ছায়া ভেঙ্গে অহেতুক

নিয়মে চলা,

সব লিখে রাখা হবে

পায়ে পায়ে অবিরাম অবাধ্যতা,

ছায়ার গভীরতা কেউ বোঝে না।

আমাদের সময় থমকে যাওয়ার গল্পগুলির

ক্লান্তি নামে রাতের দরজায়,

ভোর রাত অবধি ছায়ায় ছায়ায় মনুষ্যজন্ম --

অনিশ্চিত মানুষ!

দানব

এ কোন্ চক্রব্যূহতে

ঢুকে গেছি অজান্তে,

সহস্রাধিক ঘূর্ণাবর্তে আবদ্ধ সম্মোহিত

আমি এক দর্পিত দানব,

আমার পায়ের তলায় জমে আছে মৃত্যু,

সব লিখে রাখা হবে

আমি ঘুরছি শয়তানের দ্বারে দ্বারে,

ভিক্ষাবৃত্তিতে পেতে রেখেছি হাত,

শান্ত হতে পারছি না,

দু-দণ্ড বসতেও পারছি না,

মুক্তির আগ্রাসী ক্ষুধায় –-

শরীরের রন্ধ্রে রন্ধ্রে বইছে পাপ,

ধর্ম এখন বাতাসেও নড়ে না,

অধার্মিকের মনোরথ ছুটছে ক্ষমতার দর্পে,

মানুষের মাঝে তল্লাটে তল্লাটে!

সিংহাসনচ্যুত ভগবান

করে যায় বিষপান,

জোটে না আর ভোগ।

অন্তরালে

১.

সব লিখে রাখা হবে

বাসে ট্রামে ট্রেনে রাস্তায় পথচলতি আপনি

মহাজন্ম বা মহাসৃষ্টির অন্তরালে

বিরাট শূণ্যের জন্ম দিয়ে চলেছেন অবিরত,

ক্রমশ একা আর নিঃস্ব হতে হতে

মৃত্যুর নাগপাশে থাকা সময়ের গভীরে

হারিয়ে যাওয়া স্রষ্টা --আপনাকে

দেবার মত কিছু নেই,

তাই আপনি যা কিছু দিয়েছেন-

তার সবটাই লালন করছি বহু যত্নে,

আর অবিরত গড়ে চলেছি মৃত্যুর খাসমহল,

এরই নাম বেঁচে থাকা!

সমস্ত শূণ্যতা নিংড়ে নিয়ে

আপনার বুকের প্রত্যয় এইভাবেই-

সময় আর মৃত্যুর অন্তরালে

জন্ম দিক্ আরো কিছু আধুনিক কবিতা।

২.

"সকলেই কবি নয়, কেউ কেউ কবি "

কবির কাছে তুই কবিতার চেয়েও প্রিয়,

সব লিখে রাখা হবে

কবি পারে তোর জন্যে কুরুক্ষেত্র ঘটাতে,

কবি পারে তোকে ছাড়াই স্মৃতিজীবাশ্ম আঁকতে,

যতটা পারে নীরবে।

তবু যতবার –

তোর দংশনে, কবির ঠোঁট বেয়ে

নেমেছে তোর বিষ,

ততবার কবি নতুন করে বেঁচে উঠেছে

আর খুঁজেছে তোর গভীরতা,

নিছক তোকে ছুঁতে নয় --

মনে হয় তোর কবি

ভালোবাসার এক অচিন পাখি,

বাঁধতে পারে শূণ্যভূমে ঘর!

কিছুটা সঙ্গ দাও

আজ অনেককিছুই ভীষনভাবে মনে পড়ে,

সব লিখে রাখা হবে

অতীত বহু যোজন দুরে,

তবুও স্মৃতির গভীরে দিনে রাতে

থেকে থেকে অনুভূত হয়

তোমার নিঃশব্দ পদচারণ,

তাই পুরোনো ছন্দে ফিরতে চাইছি বারংবার,

আমাকে কিছুটা সঙ্গ দাও,

দেখো আমি এখন সর্বনাশী,

কিভাবে ধ্বংস হচ্ছি একা একা!

নীরবে নিভৃতে অন্তরের উপলব্ধ শূন্যতায়,

স্মৃতির সঙ্গে বহমান স্তব্ধতায়

তুমি শব্দ আনো --

ছন্দ আমিই খুঁজে নেবো

গানের ভুবন থেকে,

কবিতার শহর থেকে!

চেনা রূপে যদি নাই-ই পারো,

নিঁখুত সাজেই --আরো একবার

আমার পাশে বসো কিছুক্ষন,

চারধারে লেগেছে চরম অনাসৃষ্টি,

দেখো কিভাবে অস্থির হচ্ছি একা একা!

37

সব লিখে রাখা হবে

ভালোবাসায় আমি তৃষ্ণার্ত চাতক!

তোমার নেই অবকাশ!

আমি আজো ভালোবাসতে চাই,

আরো একবার, বারংবার!

তুমি কতটা প্রেমি,

কখনো মেপেছো!

এটুকু বিশ্বাস রাখো প্রতিটা নিঃশ্বাসে-

ভালোবাসা ছাড়া বাঁচা যায় না কখনো!

জাগরন

ঘুমহীন বর্তমান --

মানবিক মুখগুলোর বিলুপ্তির হাহাকার

শুনতে শুনতে

প্রতিবাদগুলো অস্পষ্ট আর আবছা রেখে

নীরব সময়ের হাত ধরে -

সব লিখে রাখা হবে

শুধুমাত্র কর্তব্য বলেই

স্মরনসভায় শোষক -শাষকের সঙ্গে

আমরাও শোকে মূহ্যমান!

স্বপ্নমায়া

চেনা দেশ, চেনা বেশ

চেনা পথে মাপা পদচারনে

পথচারী তুই

আর অশেষ দুরত্বে স্বাভাবিকতা রেখে

পরিযায়ী বেশে আমি ফিরি দেশে দেশে,

তবে আমিও কিন্তু দেশান্তরী নই,

আমারও ঘর আছে -হোক্ না বাস অযোগ্য,

আমারও জীবন আছে -থাক্ না অপূর্ণ,

আমারও একটা পৃথিবী আছে-

    না থাক্ তার কক্ষপথ!

জলে স্থলে অন্তরীক্ষে লেগেছে কলঙ্ক,

কেউ জানে না --কোথাকার কে

সব লিখে রাখা হবে

কোথায় গড়াবে!

চোখের চাউনী ছোট হয়ে গেলেও

পৃথিবীর আয়তনটা একই থাকে,

জীবনটা যদি চার পাতার গল্প হতো-

তবে তার নাম দিতেম --স্বপ্নমায়া,

আমার বরাদ্দের শেষ পাতা অবধি

লিখে যেতেম --অপূর্ণ কিছু স্বপ্নের জনম বৃত্তান্ত,

যে স্বপ্নগুলো কোনোদিনই একলা যায় না দেখা!

বাস্তবতা

অবৈধ প্রেম --এখানে

প্রেয়সীর হাতের স্পর্শে জেগে ওঠা আদিম লীলায়

শুক্রবীজের আত্মহারার দলা দলা প্রমান--

একগাদা পরিনত প্রেমিকের জামার ছেঁড়া পকেট

কিংবা পিঠের ণখাঁচড় -সময়টা এমনই

সব লিখে রাখা হবে

লিপ্ত লালসার সংগমে, আর

নির্বাচিত কিছু নীল মুখের নির্লজ্জতায়

নির্ভয়ে জন্মানো প্রেমিক বেড়ে ওঠে কৌতুকে,

যদি পিছলে যায় বহুকষ্টে পাওয়া 'চান্স',

আড়ালে কল্পনায় ক্লান্ত ঘাম ঝরা শরীর

এখন আরো অনেক বেশী বাস্তবতা চায়,

নির্বস্ত্র কামনার বেপরোয়া দোলাচলে-

লজ্জাটুকু রং হারিয়ে ফ্যাকাশে,

গোপনীয়তা আরো প্রখর, সাফল্য-

প্রেমের জন্মদ্বারে মুখ গুঁজে পড়ে থাকা

অবৈধতায়,

সত্যিই কি তাই!

দিনবদল

জীবনের সীমাবদ্ধতায়

সব লিখে রাখা হবে

একটা পাখি খাঁচার ভেতর

অবিরত ডানা ঝাপটায় দুরন্তপনায়,

বন্দীদশা ঘোচাতে পারে না

আকাশ ছোঁয়ার সাধ,

অন্যদিকে--

হারিয়ে যাবার নেশা নিয়ে

বাসায় ফেরে মুক্ত প্রানের উচ্ছলতায়

ক্লান্ত পাখি,

সীমান্ত আজো বহুদুর!

দিনবদলের ইচ্ছে নিয়ে

সুখ স্বপ্নের দোরগোড়ায় আশ্রয় নেয়

আকাশ-কুসুম কল্পনা!

সবাই অষ্টরম্ভা,

ছন্দ পাল্টায় না, পারলে হারিয়ে যায়,

সারাটাক্ষন চারদিকে কেমন অচেনা ভাব!

একঘেয়েমি দুর হয় না কিছুতেই!

অহংকারী আঁধার মুছে দেয় আলোর অস্তিত্ব,

নিশাচরের দন্ত তখন আকাশ ছোঁয়,

সব লিখে রাখা হবে

রাত দিনের পর্যায়ক্রম যাদের কাছে

নিছকই সময়ের নিয়ম,

তারা নিদারুন সখ্যতায় সময়ের সঙ্গে মিলিয়ে তাল --

রং বদলায়, রূপ বদলায়!

রাত দিনের ব্যবধান যেখানে অসহনীয়

সেখানে দিবালোকে চলে নক্ষত্রের খোঁজ,

তারা রাতের বুকে আঁখর কাটে,

আশায় বাঁধে বুক –

কোনোমতে রাত পেরোলেই বোধ হয় পুনর্জন্ম!

অবসান

শুনেছি আপনার শহরে আকাশটা নাকি খুব ছোট,
তবু প্রতি রাস্তায় ভ্রাম্যমাণ উদ্দেশ্যহীন হয়ে
ঘুরে বেড়ায়–

সব লিখে রাখা হবে

আপনাকে লেখা আমার বেশ কিছু খামখোলা চিঠি,

কিছু বিষময় দীর্ঘস্থায়ী জীবন উষ্ণ পায়ে

ব্যস্ততার মুখোশে সরলরেখায় হেঁটে যায়

এই ভয়ে --

হয়ত পৃথিবী ছিনিয়ে নিচ্ছে ক্রমশ

প্রথম ও শেষ আলো গায়ে মাখার অধিকার,

অথচ আপনি........ দিব্যি আছেন,

এই শহরেই

যখন এক পা দু পা করে মেপে গেছি

বিশ্বাসের বিস্তীর্ণ ছায়া --

আপনি তখন আপনার অনুভূতি হারানো

পৃথিবীর আশ্রয়ের সন্ধানে পথচারী,

একদিন আপনি নিজেই আসবেন--

সে বিশ্বাস নিয়ে আজো অপেক্ষায়

সব রাস্তা, সব সময়, সব অন্ধকার

আর এক প্রজন্ম।

ঘরছাড়া

ঘর ছেড়েছে আবেগী মন

বেবাগী চলনে,

স্বপ্ন শুধোয় -- কোনখানে তুই

গড়লি জগত আমার তরে!

রেখেছিস কি একটা আকাশ,

যখন তখন ছোঁয়ার মতো!

মনের মত মেঘ আছে কি!

গাঁথবো মালা ইচ্ছেমত,

নানান রূপে, নানান রঙে

সাজবো নানান পরিসরে,

খেয়ালমতো বাঁধবো মায়ায়

ক্লান্ত স্মৃতির আঁকে বাঁকে

মনের সাথে মন --

সব লিখে রাখা হবে

সেখানেও কি দিনে রাতে

ভালোবাসায় আঘাত হানে

সহবাসী ছদ্মবেশে গোপন প্রতারক!

আহত ক্লান্ত প্রতি মুহূর্ত --

প্রচলিত সম্ভোগ,

নির্বাসন থেকে ফিরে এলে

বাড়াস্ দুটো হাত,

তোকে নিয়েই পাড়ি দেবো

অস্তপাড়ের পথ।

শীত এলো রে....

শীত এলো রে মোর দুয়ারে সিক্ত হাওয়ার ছোঁয়ায়,

করি বরণ কাব্যকথায় এই রূপসী বাংলায়,

শীত এলো রে সঙ্গে নিয়ে হিম-কুয়াশার চাঁদর,

শহর নগর গ্রামগুলো আজ চাইছে রোদের আদর।

সব লিখে রাখা হবে

দূর্বাদলে শিশির বিন্দু হিমেল হাওয়ায় নাচে,
শীতের আমেজ ফিরে এলো সেই পুরোনো ধাঁচে,
নলেন গুড়ের পিঠে পায়েস, পৌষ পাবনের মেলা,
ভোরবেলাতে শিউলি ঝরে, লাগায় মনে দোলা।

জোয়ান বুড়ো কাঁপছে দেখো হাড় কাঁপানো শীতে!
কৃষক তখন ছুটছে মাঠে লাঙল নিয়ে হাতে,
রং ঢেলেছে মাঠে মাঠে হলুদ রঙা সরষে,
খেঁজুর গাছে রসের হাঁড়ি, গাছি দারুন হর্ষে!

ছুটির দিনে বনভোজনে সবাই বাঁধন হারা,
ছুটছে রাজা, ছুটছে গজা আছে ভীষন তাড়া,
শীত সকালে আলসেমি আর জটলা করে বসা,
নামছে পারদ, উঠছে পারদ তারই হিসেব কষা।

ক'টা শিশু কাঁপছে শীতে কে বা রাখে তার খোঁজ!
ভাগ্যাহত মানুষগুলো দূর-বিপাকে রোজ রোজ,
সুপ্ত বিবেক জাগ্রত হোক্, মানবতার হোক্ জয়,

সব লিখে রাখা হবে

আসুন ওঁদের পাশে দাঁড়াই ছেড়ে ঘৃণা সংশয়!

নিঃসঙ্গ

দুয়ার এঁটে দাঁড়ানো সময়,

হঠাৎ ঝোড়ো আকাশ,

রঙিন পৃথিবী কখনো রং পাল্টায়,

কখনো রং হারায়,

শোকের ছায়ায় নামা অন্ধকারে

প্রয়োজনহীন মশালরূপে সহানুভূতি

খামোখাই আদিখ্যেতা দেখায়,

বয়েসের ভারে দু পায়ে নেমেছে অবসন্নতা,

চোখের মাথায় ধরেছে স্নায়ুবিক গোলযোগ,

তবুও নির্বাক চাঁদ বহুকষ্টে

রেলিং ধরে নেমে আসে

মাটির পৃথিবীতে,

অন্ধকারের ঘনঘটায় যতটা পারে আলো ছড়ায়,

সব লিখে রাখা হবে

প্রয়োজনহীন সে আলো,

নিশ্চিহ্নকরনের শেষ প্রয়াসে-

দাউ দাউ করে জ্বলে নিথর দেহ,

আরো একটা জীবন্ত সূর্য,

তবে কোথাও না কোথাও অন্ধকার থেকেই যায়,

মাথা নত করে যে যার ঘরে ফেরে,

স্মৃতিও ফেরে পিছু পিছু,

ফেরে না কেবল ঐ চাঁদ,

খুঁজে বেড়ায়-- না ফেরার দেশ।

পদস্খলন

স্মৃতির দেয়ালে লেগেছে রোদ

কখনো ধরেছে শ্যাওলা,

তুমি থেকে তুই--সত্যিই যেন

অনেকদূরের কথা।

ঠিক সন্ধ্যে বেলায় একলা মনে

নিবিড় প্রেমের আত্মকথন --

আকাশ শোনে, বাতাস শোনে

শোনে রাতের তারা।

আমার তখন --

রাত বিরেতে তোর পাড়াতে

প্রেমিক বেশে আনাগোনা,

সব লিখে রাখা হবে

তখন তুমি খোলা চুলে --

আলু থালু বেশ, ধরো নি রাতের সাজ।

তখন কিংবা এখন

আমি বড়ই সাদামাটা,

তুমি রঙিন দারুন!

এরই মধ্যে ঘটছে দেখো --

আমার নিত্য ছন্দপতন,

হৃদয় ভাঙ্গা শব্দে তখন

অনুভুতির গল্প লিখি!

নাম না জানা কত তারা,

তোমার রূপে আত্মহারা

খসে পড়ে প্রতিদিন!

এরই মধ্যে ঘটছে কেবল

আমার নিত্য পদস্খলন,

আমি তখন সাহস করে

ঘুরে দাঁড়ানোর গল্প লিখি.....

গল্পটা সবাই জানে

গল্পটা সবাই জানে --

কি তীব্র দহনজ্বালায়

নিজস্ব ভাষায় লিখে গেছি

স্বপ্ন ভাঙ্গার গোপন কথা,

বেখেয়ালী মনের ইচ্ছতেই

দিন রাত গভীর আচ্ছন্নে ডুবে থাকা,

চোখে ভাসে কিছু পুরোনো ছবি,

স্মৃতির পরিহাসে –

কবিতায় জ্বলে প্রেমের চিতা,

সংলাপে নাটকীয় প্রনয়,

চোখে ঘুম আসে না কিছুতেই,

যেই হাতের পরশে

একদিন শিহরন জাগতো --

সব লিখে রাখা হবে

এখন জ্বলে আগুন,

হাওয়ায় ওড়ে স্বপ্নের ছাই,

ভালোবাসার আর্তি ছুঁয়ে আছে

কবিতার পংক্তি,

কেউ জানলো না --

তোর বলা কথাগুলো

কি ভীষন পুড়িয়েছে মন!

দহনজ্বালাতেও লিখে গেছি

সে আগুনের কথা ---

যে আগুন কথা বলে।

একা

স্পষ্ট মনে আছে --

সেদিন আমার হাতে ধ্বংস হয়েছে অজস্র কুঁড়ি,

ফুল হয়ে ফুটতে দিই নি কখনো,

ছিন্ন ভিন্ন করে ছড়িয়ে দিয়েছি

এদিক্‌, সেদিক্‌!

সেদিন আমার কাছে বাড়ি ছিল না,

ছিল না কোনো ঘর, ছিল না উঠোন,

তুমি খুব ফুল ভালোবাসো,

তোমার আশা ছিল --

পুরো বাড়িটা ফুলে সাজিয়ে দেবার,

লাল-নীল-হলুদ-সাদা-গোলাপী

নানা রংয়ের ফুলে,

সব লিখে রাখা হবে

সেদিন আমিও একটু একটু করে

ভালোবাসতে শিখেছি, তবে

ফুল ফোটাতে পারি নি,

বসন্ত নিয়েও কেউ আসে নি!

এখন কাঁচের জানালার ওপাড় বলতে

তোমার ঘর,

সেখান থেকেই না হয়

কঠিন নিজীবতায় স্থির চোখে চেয়ে থাকো--

দেখো তীব্র সচলতায় আমার গল্পে কিভাবে

প্রত্যাশা সিঁড়ি ভাঙ্গে অবাধে!

দৃশ্য-আলো-শব্দ সবটাই অস্পষ্ট রেখে,

দৃশ্যত এক আলোয় সজ্জিত

যাপনের মায়াবী মঞ্চ,

তবে জানালা খুলে দিলেই বা কি এসে যায়!

আমি একাই ফোটাবো ফুল,

বসন্ত আসুক আর না আসুক!

অকবির কবিতা

কবিতারে আজি দিলুম বিদায়,

শুধালো সে মোরে-- বিদায়ক্ষনে

হাজারো কবিতার ভিড়ে

খুঁজিও একদিন মোরে

করিও ক্ষণিকের সাথী,

অন্তর যবে বেদনা বিধুর

ডাকিও মোরে, আসিব ফিরে

হে অকবি!

শুধালেম তারে --

লিখিতে আজি পারি না কিছুই,

লেখনী কাঁপিছে থরো থরো,

বলিতে আজি পারি না কিছুই

বিরহ ব্যথায় জড়ো সড়ো,

সব লিখে রাখা হবে

এত তব অভিমান

মোরে কহ অকবি!

যাযাবর মন –

আঁধারে বাঁধিয়াছে ঘর,

পায় নাই তবু একটু আগুন

মাটির প্রদীপ লয়ে হাতে,

তবে কেমনে জ্বালিবে মশাল!

দিব্যি তো জ্বলছিল

মনের ভিটেতে আশার প্রদীপখানি,

দুহাতে আগলেছি তারে,

তবু সে গিয়াছে নিভে!

ভাবিয়াছি অনেক –

এক চিলতে আগুন

কেমনে করিবে লড়াই

ভীষন নিষ্ঠুর বাতাসের সাথে!

সে বাতাস ছুটিছে এপার হতে ওপারে

আর কহে মোর কানে কানে –

দেখিলাম তব মনমানষীরে

হাসিতেছে নব প্রভাতের আলোকে,

সব লিখে রাখা হবে

বৃথা তারে কেন খোঁজো

গভীর এ আঁধারে!

ঝরা পাতার দল --

মোরে করে মিনতি--

'ডাকো বৃষ্টিরে,

মিলিয়ে দিক মোদের মাটির বুকে,

সইতে যে পারি না,

তব বিরহের কালো মেঘ

রুদ্ধ করিয়াছে পথ,

কেমনে আসিবে বৃষ্টি!

এবারে দাও ছড়িয়ে তারে

পূর্ণ আকাশের গায়ে,

মোদের ব্যথা করো দূর!

হে বাতাস --

তাই তোমারে দিলুম ছুটি,

কবিতার দুয়ারে মাথা কুটে মরে

যত ব্যর্থ অকবির দল--

রইব তাহাদেরই ভিড়ে

সব লিখে রাখা হবে

নব প্রভাতের প্রতীক্ষা লয়ে,

তুমি রইলে সাক্ষী —

ফের যদি পাও তার দেখা,

বলে দিও তারে মোর

এ অকবিতার ভাষা!

সহমরণ

মৃত্যুর আগেই —

আমার ঝলসানো দেহ সঁপেছি নরমাংস খাদককে,

তকতকে ঘা আর পোঁড়া মাংসের গন্ধে

সব লিখে রাখা হবে

ওঁর লকলকে জিভ পাক্‌ লোভের পরিতৃপ্তি,

ঝরে যাওয়া উষ্ণ রক্তেই ভিজুক ওঁর গ্রাসনালী,

তারপরও মাটি ফুঁড়ে বেড়িয়ে আসবে আমার কঙ্কাল,

নিজস্ব লাভাস্রোত উদ্গীরন করতে করতে,

সেদিন --

দ্বিতীয় মৃত্যুর আগেই

আমার স্পর্শ থেকে সরে সরে যাওয়া ঘাতক

মৃত্যুর তটে আছড়ে পড়বে, অকাল বোধন!

ফুঁপিয়ে কাঁদবে মুখ লুকোনো আমার খুনি,

তবু ওঁর হাতেই সঁপে দেবো নির্ভয়ে --

আমার মুণ্ড,

ওঁর নিথর হিংস্রতার সঙ্গেই আমার সহমরণ!

দুটি পথ

আমাদের মতের অমিল, তবু

একে অপরের হাত ধরে চলেছি

ইচ্ছে পূরনের রাস্তায়,

এক চোখে মরীচিকা, অন্য চোখে গন্তব্য,

একজন পোঁড়ে, আরেকজন ডোবে,

আর তারপর --

রোদ-বৃষ্টির খেলা শেষে

একা একাই যে যার ঘরে ফিরি।

একজন ছুঁতে চায় নীল দিগন্ত,

স্বপ্নে ওড়ে আপন খেয়ালে,

একজন ভালোবাসে অতিশয় বৃষ্টি,

ভিজে যেতে চায় গভীরতম সুখে,

সব লিখে রাখা হবে

সাজানো ছান্দিক জীবনে

দুজনার দুটি পথ,

বাসরঘরে অসীম শূন্যতা,

ছুঁতে চাইলেও ছুঁতে দিচ্ছে কে!

প্রত্যাশা অপূর্ণ থেকেই যায়,

না হতে পারে মেঘলা আকাশ পেরিয়ে আসা

একফালি রোদ,

না পারে মনের মত করে বৃষ্টিতে ভিজতে।

না হয় এদিক্, না হয় ওদিক

এক অফুরন্ত দোলাচলে মন উদাসী,

ভালোবাসার টানাপোড়নে

ঘর ভাঙে--- মন ভাঙে

সবশেষে হয় পথ থাকে না,

নয় থাকে না সময়,

তবুও শেষ আলোটুকু দিয়েই চলে

সঠিক পথের খোঁজ।

চলেই যাবো

যখন যেতেই চাইছো --

তোমায় ফেরাবো সাধ্য কি!

স্মৃতিগুলো অবেলাতেও ডাকে,

মনটাও ভীষন দূর্বিপাকে,

আমি সংকল্প নিয়েছি --

আমিই চলে যাবো,

একাকী চলে যাবো দূরে পরবাসে,

ভিন্ন বাড়ি ঘরে,

যাবার আগে --

আমার প্রাপ্তির ভান্ডার শূণ্য করে দিয়ে যাবো,

ভালোবাসায় টইটুম্বুর বুক খালি করে দিয়ে যাবো,

তোমার দাম শুধে দিয়ে যাবো

একটা গোটা জীবন দিয়ে,

সব লিখে রাখা হবে

হয়ত একদিন.......

ক্ষমা চাইতে শিখে যাবো,

সেদিন কিন্তু চলেই যাবো।

ঝরা সময়ের গান গাইতে গাইতে

পেরিয়ে যাবো আমার অতীতের গ্রামদেশ,

আকাশ-বাতাস-মাটির সঙ্গে

জন্মান্তরের সম্পর্ক ছিঁড়ে ফেলে

বিচ্ছিন্ন হতে হতে

একাকী চলে যাবো

আদিগন্ত বৈরাগ্যের দেশে, তবে

সংসারের কুহকি মায়ায়

যদি কোনোদিন আসি ফিরে–

আশ্রয় দিও নিছক অতিথির মত,

শেষবেলায় দিও বিদায়।

পাপ

গোপনে গোপনে ভারী হচ্ছে পাপ,

বোধ কেবল বিস্তৃত হচ্ছে --

গভীরতা পাচ্ছে না,

বুকের ভেতর থেকে

কেউ ছিনিয়ে নিচ্ছে অনুতাপ-পরিতাপ-সন্তাপ,

নিজেকে অভিযুক্ত না করে

বরাবর স্বীকৃতি দেয় বলেই

বিশ্বাস আর ভালোবাসার পৃথিবী

শেষবেলায় আত্মগ্লানিতে ভোগে।

একটি তারা খসে গেছে

ঐ যে দেখো, রাতের আকাশ বলছে কিছু শোনো,

লক্ষ তারা দিয়ে ভরা গভীর ক্ষত কোনো,

অকালপতন, কাঁদছে ব্যাকুল স্বপ্ন কিছু গুপ্ত,

বিষণ্ন রাত, জেগে থাক্ চাঁদ, যন্ত্রনা হোক্ সুপ্ত!

একলা আকাশ শূন্য ভারি, গোপন ব্যথা বুকে,

একটি তারা খসে গেছে কোন্ সে অলীক দুখে,

বিশাল ব্যাপ্ত নক্ষত্রলোক, উদ্ভাসিত ধরা

হিসেব কষে অন্তরালে, রইল বাকি কারা!

রাতের বাসর গুনছে প্রহর, খুলছে স্মৃতির আগল,

জ্বলে ওঠো ভেঙে ফেলে কাল নিয়মের অর্গল,

আলোকধারার ঝলক দেখাও, নামুক গহীন রাত্রি,

সব লিখে রাখা হবে

তোমার আলোয় পথ চলেছে কত আঁধার যাত্রী!

একটি তারা খসে গেছে কোন্ সুদূরের পরে,

আবেগঘন সজল আঁখি, তারেই খুঁজে ফেরে,

রিক্ত প্রানে আকুল উচ্ছাস, তাঁর বিহনে যাতন,

সকল লোকে, সকল পুরে উড়ছে তাঁরই কেতন!

অচেনা মোর সারথি এক আলোকবর্ষ দুরে,

মহাকালের মহাযাত্রায় চলছে অচিন পুরে,

বিদায় বন্ধু, ভালো থেকো, চির ঘুমের দেশে,

ডাক পাঠালে, দিও সাড়া সেই তারারই বেশে!

উপেক্ষিত লিপি

ললাটলেখক বিব্রত আজ, মাঝদরিয়ায় তরী,

উপেক্ষিত ভাগ্যলিপি, মত্ত সাগর পাড়ি,

রাত্রী গহন, অপার সহন, আছে দূর্বার গতি,

পথের বিপদ, হিংস্র স্বাপদ, অন্তরে নাই ভীতি!

যত্র তত্র স্বপ্নডুবি, ভাগ্য সেথায় যষ্টি,

উজানস্রোতে টলোমলো হতভাগ্যের ইষ্টি,

মৃত্যু তুমি হও মিতালি, প্রানদোসরের দোহাই,

বিমুখ বিধি দৈব রচুক, ভয় হতে দাও রেহাই!

জয় পিয়াসী, দুঃসাহসী, সহযোদ্ধার ফরজ,

ফরিয়াদ আর কৈফিয়তের নেইকো ওঁদের গরজ,

রক্তঋণী ঋণের বোঝা, রক্ত দিয়েই শোধে,

সব লিখে রাখা হবে

তাজা প্রানের আত্মাহুতি অমরত্বের বোধে!

চিত্ত সবল, হতাশাহীন, দীর্ঘ পথের যাত্রী,

হোক্‌ তব জয়, সংকল্পের জয়, আশার আলো দাত্রী,

দিনের শেষে সন্ধ্যাতারা পথ দেখাতে জ্বলবে,

তোমার তরে পৃথিবী মোর সাঁঝের বাতি জ্বালবে!

জীবনসূর্য অস্তাচলে, যায় যাক তিমির তলে,

লক্ষ্যভেদী আসবে ফিরে, নব জন্মের ছলে,

দহন-পীড়ন, ক্লান্তি-শ্রান্তি, পরাজয়ের গ্লানি,

ভাগ্যাহত শোনে নাকো ভবিষ্যতের বানী!

সব লিখে রাখা হবে

১.

দাও দাও সৃষ্টিরে ডেকে দাও, আজি ধ্বংসে উন্মত্ত জীবন!

মরণ ফুরায়ে জন্মোল্লাসে সে সাঙ্গ করিবে বিভীষিকার মাতন,

সে যে নির্ভয়ি, চির আবশ্যিক, জয়পথের নিশান!

মাটির বুকেতে প্রলয় নেমেছে, আর কাহাতক রহিবে পাষাণ!

দাও দাও সাড়া দাও, উজ্জীবনের এ সন্ধিক্ষণে থেকো না সন্দিহান!

ধূসরতার অসুখ কাটিয়ে সৃষ্টিসুখে মাতুক সবুজ পৃথিবী- সবুজ প্রান।

২.

দাও দাও সত্যরে আসিতে দাও, আজি মিথ্যাচারে মত্ত জগত!

বিশ্বচেতনা ফিরায়ে সৃষ্টির উল্লাসে সৃষ্ট হোক্ তার স্বতন্ত্র জগত,

সে যে ফোটাবে বুলি, শেখাবে কথা,

সব লিখে রাখা হবে

নির্বাকতা ভেঙে আনিবে ভাষা,

ঠিক যেখানে সময়ের প্রতি ইঙ্গিতে গড়মিল, ইতিহাস কোণঠাসা,

রক্ত ঘামে নিকিয়ে উঠান যাহারা সাজায়েছে রণাঙ্গন!

যুযুধান বেশে আর্তের নাগপাশে তাহাদেরই অসমাপ্ত প্রহসন!

সব লিখে রাখা হবে-- গদ্দারি পোদ্দারি অনৈতিক যা কিছু,

দহন কালান্তে প্রাপ্ত বিশ্বাসের চিতাভস্মে লেখা হবে সবকিছু!

৩.

দাও দাও সৃষ্টিরে আসিতে দাও, রাস্তা ছাড়ো হে অবিমৃশ্য!

ক্ষমতা দ্বন্দ্বের অন্তরালে গুমরে কাঁদা সত্য সে করিবে প্রকাশ্য!

গনতন্ত্রকে বিবস্ত্র করে অর্জিত বাহবা যেখানে বৃহন্নলার করতালি,

সেখানে অন্ধ ভক্তি, লুপ্ত যুক্তি, চলে বোধ-বিবেকের জলাঞ্জলি!

সব লিখে রাখা হবে! মানবধর্ম বিমুখ কারা হত্যালীলায় উন্মুখ!

কারা করেছে মগজ ধোলাই? ঢেকেছে কারা মৃতের মুখ?

কারা সয়েছে ক্ষয়ক্ষতি! করেছে কারা বাটপাড়ি? বিচার হবে--

সব লিখে রাখা হবে! সবকিছু লিখে রাখা হবে!

যুদ্ধপ্রিয় রাজা

যুদ্ধপ্রিয় রাজা তুমি, যুদ্ধ নিয়েই থাকো,

সিংহাসন চাই, চাই যে মুকুট, তারই সভা ডাকো,

রাজার দোষে রাজ্য ভাসে, রাজনীতিও পণ্ড,

আমরা প্রজা বড়ই অবুঝ, কারবার করে ভণ্ড!

চৌর্যবৃত্তি, মদাসক্তি, সর্বগুণী রাজা,

লাম্পট্য তাঁর নয়কো গোপন, জানেন সকল প্রজা,

যুদ্ধকালে প্রজাভক্তি, চতুর স্বৈর আচার,

প্রতিশ্রুতি মানুষ কেনে, কর্মসূচীর প্রচার!

কূটনীতি তাঁর ক্ষুরধার তাই, অনায়াসে তাঁর জয়,

জল্লাদেরই উল্লাসে হায়, অহংকারীর উদয়!

বীভৎস খুন, সন্ত্রাস আজব, আক্রমিত যৌন,

সব লিখে রাখা হবে

ধৈর্যে এত অবনতা, গোটা রাজ্য মৌন!

উৎপীরিত রক্তে ভেজা, স্বজনহারা কান্না,

কফিন বন্দি ঘরে ফেরে কত শত বর্ণা!

ভয়ের জেরে সালাম আদাব, দম্ভ গড়ে জালিম!

হিংসা-বিদ্বেষ-ভেদ-ব্যবধান, চলছে তারই তালিম!

ওরে রাজা, আবার যুদ্ধ! বাহিনী তোর দুর্বল,

মারবি যত, মরবে তত, কি লাভ হবে তার বল্!

কণ্ঠ প্রজার বাকরুদ্ধ আজ, মুক্ত হবে কবে!

খেলা শেষে হাতের পুতুল ধূলোয় পড়ে রবে!

কি চাও তুমি

তুমি নিছকই--

এ বুকের শূণ্যতায় হরদম উড়ে বেড়ানো

একটা পাখি,

এ মনের বিশালতা তুমি দেখো নি,

কি চাও তুমি!

আমি আকাশ হই,

নাকি নীল সমুদ্র!

এ বুকের ভেতর বহুকাল ধরে

বয়ে চলেছে একটা নদী,

তোমার স্বপ্নের লাল-নীল-সাদা পাথরে

আজো বাঁধানো তার পাড়,

সে নদীর গভীরতা তুমি দেখো নি,

এই পোঁড়া জীবনে

কোনো রঙই আর যুতসই নয়,

তবু যদি আকাশ হই,

সব লিখে রাখা হবে

মেঘলা আকাশ হবো,

মাঝে মাঝে গর্জে উঠে

তোমায় দেখাবো ভয়,

যদি হই নীল সমুদ্র,

আমি হবো শান্ত,

আমার কোনো ঢেউ থাকবে না,

থাকবে না হিল্লোল,

আমি কিছুতেই আছড়ে পড়ব না

তোমার তটে,

কি চাও তুমি!

আমি সবুজ হই, হলে হতেও পারি,

তবে দিগন্ত বিস্তৃত হবো না,

কিছুতেই হবো না,

এত বড় পৃথিবী --

তুমি চাইলেই তোমায় দেবো না,

আমি কেবল বিস্তৃত হবো

তোমার অভেদ্য সীমানাটুকোয়,

কি চাও তুমি!

মুখ ফুটে বলো একবার --

সব লিখে রাখা হবে

দেখো আমি পারি কিনা ভাঙাতে

মান-অভিমান!

সুভাষকে চাই

শহীদ স্মরন   আজাদির ডাক

রক্তে ভেজা বিপ্লব,

দুর্নীতি আর   দুঃশাসনে

পূর্ণ স্বরাজ দূর্লভ।

ফের ক্ষমতা   গগন স্পৃষ্ট,

পিষ্ট আজো দাবি,

সমুখ সমর   ঘোর পরাজয়

চাইছি তোমায় নবি।

শাসকের চোখ   রক্তে রাঙা,

রক্তে ভেজা রাজপথ,

মুখোশধারী   স্বদেশপ্রেমির

অখণ্ডতার শপথ।

সব লিখে রাখা হবে

বাংলার মাটি দুর্জয় ঘাঁটি,

 সন্ত্রাস সাজে নাশা,

নির্বাসিত ভূ-পতি তার

 দুষ্ট গড়ে বাসা।

সুভাষকে চাই রক্তের ডাকে,

 রক্ত চাইছে স্বরাজ,

শৌর্যে বীর্যে অস্ত্র ধরো,

 প্রতিবাদী আওয়াজ।

নেতার বেশে কণ্ঠে আনো

 হুঁশিয়ারি হুংকার,

ঔদ্ধত্যকে খর্ব করো

 কঠিন লড়াই দরকার!

যুদ্ধযাত্রা আজো জারি

 অজ্ঞাত তার নীতি,

অভয় বানী হোক্ ধ্বনিত,

সব লিখে রাখা হবে

কাটুক যুদ্ধ ভীতি।

ফিরে এসো   মৃত্যুঞ্জয়ী,

    অনাগত রণে,

জাগাও শক্তি   পরাক্রমী,

    সমুখ মৃত্যুর ক্ষণে।

জড়তা

ছেলেখেলার সংসার থেকে অনেকদূরে

আমার চাঁদের নতুন বাড়ি,

এক নির্জন মায়ারেখা ধরে

একলা চলার সাহসে আমার

ক্লান্তিহীন অবিরাম চলন,

সবটাই বোধ হয় পাগলামী,

সব লিখে রাখা হবে

এখন নিষ্পলক রাত্রি জুড়ে অচেনা গাম্ভীর্য,

বেডরুমের ভূগোল নিয়ে

জোর আলাপি দুজন মানুষ,

কার্পেট মোড়া মেঝেতে তখনো ছড়িয়ে

ভোর রাত, লাল শাড়ি, জামা-গেঞ্জি,

কে কতটা দূরে?

কতটা কে কাছে?

কে কাকে ছোঁবে?

আমি কাকে ছুঁতে চাই?

সে সবের খোঁজ কেউ রাখে না,

আসলে যে যার কাছে নিজেকে আহুতি দেয়–

তাঁরা কেউই মানুষ নন্

এক এক খণ্ড পাথর দেবতা!

বিবেক

তোর বিবেক যদি দেয় সায় –

অন্তরঙ্গতা ভুলে নেমে আয় প্রতিদ্বন্দ্বিতায়,

আমি হারতে রাজি আছি,

আমি জানি অন্তঃসলিলা তুই,

তোর কাছে বেপরোয়া চলার বেগ,

আর এদিকে

আবেগের টানাপোড়নে অভ্যস্ত জীবন

মূলস্রোতে বেসামাল,

তবু তোর বিবেক যদি দেয় সায়,

ঢিল ছুঁড়ে দে আমার কাঁচের জানালায়,

দেখ্ আমি ফিরেও চাই কিনা,

সর্বনাশের খেলায় কি ভীষন শব্দে

ভাঙছে বুক,

জেগে আছি সর্বক্ষণ!

সব লিখে রাখা হবে

আমি হার মানতে রাজি,

নয়তো পোহাবে না রাত,

ফুটবে না ভোরের আলো!

পিছু ফেরার পালায় বিবেক দিয়েছে সায়--

আমি বেপাত্তা বেপাড়ায়,

দরজায় এঁটেছি খিল,

ঠিকানা কিছুতেই দেবো না আমি!

আমার অবনী

খবর রেখেছো!

সব লিখে রাখা হবে

আমার অবনী ফেরে নি বাড়ি,

বড় খামখেয়ালী!

জনশ্রুতিতে --নেহাতই একটা যুগের অবসান,

আমার অবনী নাকি সেই একটা যুগ,

মহান নেতার যুগাবতার!

আমার অবনী ডিগ্রীধারী,

ক্ষুধার রাজ্যে মোট বয়,

আমার অবনী একগুঁয়ে,

বনের মোষের পিছু ধায়,

আমার অবনী পথে ঘাটে

মরা বাপের গল্প শোনে,

আমার অবনী দিনে রাতে

মানুষ হবার স্বপ্ন দেখে!

কথায় কথায় যারা করে মানুষ খুন,

তাদের থেকে অবনী আমার অনেকদুর,

তবু অবনীর দেহ ঝুলে বিজ্ঞাপনে -পোষ্টারে,

শরীর মরে ধুঁকে ধুঁকে,

সব লিখে রাখা হবে

আমার অবনী প্রতিবাদী তকমায়,

আমার অবনী স্মরনসভায়,

আমার অবনী রাজনৈতিক উচ্ছৃঙ্খলায়!

বছর সাত এভাবেই পেরোলো,

তদন্তই বা কতদুর এগোলো!

আমার অবনী আজো ফেরে নি বাড়ি,

তদন্ত চলছে আজ,

তদন্ত চলবে কাল,

তদন্ত চলুক আরো কয়েক কাল,

যতদিন থাকে মায়ের চোখে জল,

এরই নাম রাজনীতি!

অস্ত্র নয় ধ্বংস

সভ্যতা আজ অধিষ্ঠিত এ কোন্ বৈরী যুগে!

ধ্বংস খেলায় মাতছে মানব, দারুন শঙ্কা জাগে,

ধ্বংস আনে হাহাকার আর ধ্বংস হানে আঘাত,

ধ্বংস মানে তোমার আমার মরণেরই সওগাত!

ধ্বংসের ছবি কান্না শোনায়, প্রমানদায়ি ফসিল,

ইতিহাসের অভীক্ষণে হোক্ শ্রেষ্ঠত্বের হাসিল!

চণ্ডাল বলো! শয়তান বলো! পাতায় পাতায় উল্লাস,

লাশের অস্থি পাহাড় গড়ে, মাঝে প্রশ্নের তল্লাশ!

সৃষ্টিধ্বজা ভূতলস্পর্শী, খণ্ড খণ্ড মহী,

ধ্বংসস্তূপে দাবানল চাই, কেই বা হবে দাহী!

কেই বা হবে আর্ত সহায়! কেই বা দেবে আশ্রয়!

নীরব আর্তি, সমঝোতা, ধ্বংসেরে দেয় প্রশ্রয়!

সব লিখে রাখা হবে

ধ্বংস, ধ্বংস, ধ্বংস নিয়ে বর্বরতার গমন,

পথে পথে লুক্কায়িত অযাচিত শমন,

কাল সেজেছে সর্বনাশা, দারুন শঙ্কা জাগে,

বিভাজিত মহাজগত কালজয়ীদের মাগে!

মূর্ছিত হোক অভিসম্পাত, থামুক মৃত্যুর ক্রান্তি,

চেতনারই অভ্যুত্থানে ধ্বংসে আসুক ক্ষান্তি,

নিরন্তর হোক্ সৃষ্টিধারা, সর্বগতি স্রষ্টা,

কল্পিত সুখ, সময় বিমুখ, আকাঙ্ক্ষিত দ্রষ্টা!

নির্জনে একদিন

নির্জনে ছুটিছে উদাসী মন মোহ মায়া হতে দূরে,

ধরিবারে চায় কাহারে আজি অলীক স্বপনপুরে,

দেখা যদি নাই বা হয়!

পথে পদে সংশয়,

নির্বিবাদি অনুভুতি অগাধ বিশ্বাসে রচিবে ইতি,

প্রাপ্তির হিসেব সংগোপনে বৃথাই কষিবে নিতি নিতি।

দৃশ্য হতে বহুদূরে কোন্ সে অচিনপুরে তব অবাধ চরাচর!

ছুটিয়াছি বেগতিক উদ্ভ্রান্ত পদাতিক, বাঁধি নাই কভু ঘর,

নিকষ কালো রাত্রীকালে,

ক্ষণে ক্ষণে বিপদ ছলে,

নৈঃশব্দ্যের অন্দর হতে মৌনতারে করিয়া দুরী--

ডাকিয়া ফিরি করুণ সুরে, কে আছো তিমিরবিদারী!

এক্ষন হতে ত্যজিলাম তারে যাহা কিছু জাগতিক,

সব লিখে রাখা হবে

ঔদাস্যে নিমগ্ন হায় সবই! কেমন মায়াহীন চারিদিক!

মুক্তির দুয়ারে বসি

মায়াবিনীর অট্টহাসী,

আঁখির পলকে ছুটিয়া বেড়ায় দিশায় দিশায় ভ্রান্তি,

কোথাও জয়ের সন্নিকটে বিভ্রাটরূপি ক্লান্তি!

নির্জনে বসিয়া আজি কোন্ দিগ্বিজয়ের কাব্যে মাতি!

ফিরিবো না সেথায়, যেথায় শমন ডাকিছে দিবা রাতি,

একান্তে হইবে যাত্রা জারি,

--নাই বা রহিল সহচরী,

দেবতার রোষানলে যা কিছু সম্বলে জ্বলে পুড়ে ছাই,

নিয়তির কশাঘাতে জর্জর অভিলাষ কভু কাঁদে নাই!

ফিরিতে যদি নাহি পারি, আসিলে এমন দুর্গতি!

জানিবে- মরণের নীরব প্রান্তরে হারায়েছি উদয়াস্তের গতি,

কভু মৃত্যু খুঁজি নাই,

কভু নিজত্ব খুঁজি নাই,

কভু পরাণ ভাঙি নাই, বড় দুঃসহ যাপনজ্বালা!

মৃত্যু সম একাকিত্ব, প্রত্যাশা মৃত, বড় কঠিন অন্তপাড়ের পথ চলা।

কোন্ দরিয়ার পারে

কোন্ দরিয়ার পারে-

ভাসিছে মোর কল্পতরী, ফেরাই কেমনে তারে!

নিভৃতে মন -কাঁদে প্রতিক্ষণ, যন্ত্রনা অব্যক্ত অফুরান!

কার লাগি আজি, গাহিছে বিরস গান- চির অপেক্ষাতুর প্রান!

আকাশ ছোঁয়ার সোপান ভাঙিছে স্বপ্ন যতেক ম্লান!

বিরহে কাতর রচে কল্প বাসর হইয়া ম্রিয়মান!

তারেই বুঝি নিয়তি কয়!

যেথায় বিধির বিধানে আশার স্বপ্ন নিয়ত জেগে রয়!

যেথায় উত্তরনের পথে পথে বৃথাই দুঃস্বপ্নের ভয়!

নিমেষ হারায় হেয়ালীপনায়, স্বপ্ন সেথায় স্বপ্নই রয়!

সুখের মূর্তি, চোখের বাইরে, দুরে কোথাও মুখ লুকোয়!

খুঁজে গেছি তার মহাজনপদ, এ পৃথিবীর কোনায় কোনায়!

বেলাশেষে ফিরিবারে চাই!

সব লিখে রাখা হবে

পোড়ো হৃদয়ের সিংহদুয়ারে আলো কতকাল জ্বলে নাই!

আনমোনা মন, অভিমানী ভীষন, কোথা সৃষ্টির চরম আবেশ!

চাঁদের বুড়ি, স্বপ্নপরী, প্রবেশ নিষিদ্ধ ঘুমের দেশ,

কলরবে ছুটি সবে, প্রলয়ধ্বনি সদা বাজে, নাহি ছন্দের লেশ!

জাগাইবে প্রানে মোর -পিরিতির সাধ, সে জনের কোথা দেশ!

একাকিত্বের ঘোরে --

অলীক সুখের তরে, তাহারে করি আহ্বান অস্ফুট স্বরে!

সৌন্দর্যের, মাধুর্যের, দুর্ভেদ্য রহস্যের এ পৃথ্বী! স্রষ্টারে জানাই নতি,

চাই না স্থিরতা, চাই না স্থবিরতা, আনো ঝড়ের গতি,

নব চেতনা, নব কামনা হোক্‌ জাগরিত, প্রার্থনা তাহার প্রতি,

সাজিয়েছি অর্ঘ্য নিবেদিত প্রানে, লুটাইছি অঙ্গখানি তাহার প্রতি!

মোরা অশেষ চিন্তনে --

কল্প কবি, কল্পলোকেই ভ্রমিয়া বেড়ায় আনমনে,

দরন্ত দুরাশায় জীবন হেথায় স্বপ্নের ছিন্ন পাণ্ডুলিপি!

অকুল পাথারে বিসর্জিত উপেক্ষিত ভাগ্যলিপি!

কোন্‌ অভিসারে, অমানিশার ঘোরে, ছুটিতেছে চুপি চুপি!

ক্ষণিকের মাঝে রচিছে যুগ-যুগান্তর--কালেরে দিয়াছে সঁপি।

মানবদেবতার দ্বারে

মানব সংসারে আঁখি মেলি-

খুঁজিতেছি তোমারে নিরন্তরে, সহায়- নিঃসহায় সবে মিলি!

হে দেবতা, তোমা হতে পাইয়াছি যাহা,

মানবের তরেই আজি বিলাইবো তাহা,

আনিবো শান্তি, প্রনয়-প্রীতি, মোরা কণ্ঠে রাখিবো মানবতার বুলি!

গাইবো আজিকে মিলনের গান, ভাইয়ে ভাইয়ে করিয়া কোলাকুলি!

মানব জমিনে উপ্ত বিদ্বেষ,

সভ্যতার ভবিতব্যে, যুদ্ধবাজের উল্লাসে হেরি নির্মমতার আশ্লেষ!

ভুলি নাই বিভেদের নির্মম পরিণাম!

ভুলি নাই অস্তিত্বের নীরব সংগ্রাম!

কেহ ধরিয়াছে অস্ত্র, কেহ ধর্ম হতে ভ্রষ্ট, কেহ বা গুনিছে নিমেষ!

প্রত্যাশী হইয়া সবে, লুটাইছে শান্তির বাসনা তব পদতলে অবশেষ!

মোরা হতাশের দলে --

সব লিখে রাখা হবে

মুষ্টিবদ্ধ হাত উঁচিয়ে দিয়াছি অস্তিত্বের জানান কালে কালে,

অবদমিত নৈরাশ্যের যাতনায়,

আকাঙ্ক্ষার অবাধ তাড়নায়,

মনুষ্যত্বের প্রান অনিবার্য মৃত্যুর হাতে চকিতে দিয়াছি তুলে!

সেক্ষণ হতে অকপটে, আচমকিতে- নরকের দ্বার গিয়াছে খুলে!

বহু বিচিত্র মানবকুল!

কভু দুঃখেরে নেয় বরি, কভু ক্ষণিক সুখের লাগি ব্যাকুল!

কভু প্রানের উদ্যমে উচ্ছলিত- চঞ্চল!

কভু মৃত্যুর সমীপে নিঃসাড়-নিশ্চল!

কেহ চলিছে একলা পথে, ছাড়াইয়া শত বিঘ্ন প্রতিকূল!

কোথাও পথে রুদ্ধ দুয়ার, কেহ বা খুঁজিয়া বেড়ায় কূল!

চলো গাহি মানবতার গান!

এক সুন্দর পৃথিবী হোক্- মানবের তরে মানবের দান!

আজি মানবদেবতার দ্বারে-

চলো করি পণ পৃথিবীর তরে,

হইবে যুদ্ধের অবসান -দুর্বলের তরে যবে কাঁদিবে পরাণ!

হইবে স্বার্থের অবসান -যবে ধর্ম হইবে অন্তরের আহ্বান!

একেই বলে শাসন

১. তারুণ্যের চোখে আজ ভরা দুঃস্বপ্ন-

    স্বপ্ন কতক লণ্ডভণ্ড, কিছু নিশ্চিহ্ন!

    কিছু নিঃসাড়, তো কিছু হয়েছে জখম,

    সার্থকতার প্রয়াসে কিছু বদলেছে রকম!

২. বিষাক্ত কীটের মত বিদ্বেষের দংশন,

    শরীর জুড়ে বিষের জ্বালা সইছি আমরণ,

    বৃথাই তবে ভাবছি বসে- মৃত্যু বহুদূর!

    প্রতিবাদী পগার পাড়ে- উদবর্তনে অসুর!

৩. গনতন্ত্র ঢাকের বায়া, গুন্ডারাজের জয়,

    রক্তের দর শূণ্য হলেও রাজনীতিটা সস্তা নয়,

    আমরা প্রজা রক্তে ভেজা, কালশক্রর দাস,

    উগ্র রণনীতির অন্তর্নিহিত জাতির সর্বনাশ!

৪. উন্নয়নের ঢল নেমেছে চোখটি মেলে দেখ্‌,

লাশ ভাসে, কান্না ভাসে, হাসে অন্ধ বিবেক,

সাজানো তথ্য শাষক ভৃত্য, প্রকাশ্য উস্কানি,

মুখ পোড়াবে আর কত কাটোয়া কিম্বা কামদুনি!

৫. মুখের পর মুখ বদলায়, কথার পর কথা,

আমল জুড়ে নিরন্ত -আকাঙ্ক্ষার জন্ম- ব্যথা!

গনতন্ত্রের নিধন যজ্ঞে কত রাজা মুছে যায়!

কেউ বর্গীর আহ্বানে, কেউ খাল কেটে যায়!

হে স্বপ্নময়ী

বহুকাল অকূলে রেখেছে মোরে শূন্য হৃদয়ের ব্যাকুলতা,

আঁধার আবহে খুঁজেছিনু কত নিবিড় রাত্রির লাবন্যতা!

হে স্বপ্নময়ী, কেন দেখালে স্বপ্ন তবে, করিবে যদি নিগ্রহ!

অপূর্ণতার দায়ে পীড়িত ঘৃণিত কামনা হতে মুক্তি দুরূহ!

অগ্নিগর্ভ সময় সহি, ঝঞ্ঝা সহি, প্রলয় সহি, সহি দহনভার,

সহিতে পারি না মর্মতলে অনন্ত স্থবির স্তব্ধতার বিস্তার!

হারায়ে মতি দিবানিশি তব আসন গড়িতে পাথর ভেঙেছি!

সহসা ছত্রভঙ্গের কালে, নিজত্ব ভুলে প্রায় অন্ধত্বে মজেছি!

এমন কঠিন দিনে এসো ফিরে কোমলতার প্রতিমূর্তি রূপে,

পরশে তব শ্রান্তি আনো, আনো মোরে স্বপ্ন কূলের সমীপে,

ফিরে এসো মোর কল্পলোকে অবিলম্বে অসীম আধিপত্যে,

সব লিখে রাখা হবে

যত নিস্ফলতার সঞ্চয় আজি করো ধূলিস্যাৎ আচম্বিতে!

পৃথিবীটা যেন মিথ্যে মায়ালোক, স্বপ্নহীনতার ব্যাধিতে জীর্ন,

হেথায় অভ্যুদয় মরীচিকার ন্যায়, জীবন মরুভূতে প্রতিপন্ন,

তবুও ভরসা রেখেছি নির্ভয়ে, মাটি কামড়ে সয়েছি বিপর্যয়,

পূর্ণতার নয়, পুনর্জন্মের নয়, রেখেছি ঘুরে দাঁড়ানোর প্রত্যয়।

বহুকাল অবসাদে খুঁজেছি সুখ, অন্ধকারে- বীভৎসতায়,

হতাশার আবহে -মিষ্ট স্মৃতি অপঘাতী নিদারুন তিক্ততায়!

হে স্বপ্নময়ী, কেন দেখালে স্বপ্ন তবে, করিবে যদি নিগ্রহ,

অপূর্ণতার দায়ে পীড়িত ঘৃণিত কামনা হতে মুক্তি দুরুহ।

শান্ত নদীও কথা কয়

শ্রাবনের ঘন বরিষণে সহসা শান্ত নদীও কথা কয়,

বাঁধ ভাসানো উচ্ছাসে কেমন উথাল পাথাল বয়!

ঢেউয়ের তালে ত্রাসের মুখে শুনি প্রলয়ের কোলাহল,

তীরভূমির ক্ষয়, অবলীলা নিশ্চয়, বিধ্বংসীর চলাচল!

দুরন্ত ঘূর্ণী বক্ষ জুড়ে তার, যেন অনিবার আক্রোশ,

ভাঙন মরণ সমাকীর্ণ দরিয়া, অতলে সর্বগ্রাসীর রোষ,

একূল ওকূল জলসংকুল, যেন দিগন্ত ছোঁয়া পারাবার,

কোন্ কূলেতে কার পরিজন! আজি অসাধ্য পারাপার!

হে নিরুপমা, সারাটা আকাশ জুড়ে সর্বনাশের ছাপ,

হাহাকারে ধ্বনিত নিখিল, যেন অনাসৃষ্টির অভিশাপ!

সব লিখে রাখা হবে

হেন অবজ্ঞায় তব -ভিটে মাটি বানভাসি, দুর্ভোগী ধ্বস্ত,

জীবন কতেক মূর্ছিত, কতেক উত্তাল সলিলে সমাধিস্থ!

সর্বস্ব পতিতের শিয়রে যেন- খণ্ডে খণ্ডে আকাশ ঝরে,

অর্ধমৃত অভুক্ত, মাগিছে ভিক্ষা -আনাজ শূণ্য আগারে!

অসহায় খুঁজিছে দরদী সহায় তব নিদারুন কোপনতায়,

বইছে জীবন নিরবধি প্রাণপণ--দুর্বিষহ বিপদ ধারায়!

হে বিপ্লবিনী, এবারে শান্ত হও, হও বরাভয় প্রদায়িনী,

উগ্র আস্ফালন ছাড়ি ফেরো নিজ কূলে -- সুদূর মোহিনী।

ভালোবাসার বিবশ মূর্তি

তপ্ত দিনের ক্লান্ত বেলায় --

বাঁধনহারা বৃষ্টিধারায়,

ধূম্ররাজির বজ্র খেলায়,

অনাহূত মোরে অনাদরে

দেখা দাও বারে বারে

অপার আবেগবশে উন্মুক্ত

    মোর মননের সীমানায়।

ভাবনারা কাঁদে অব্যক্ততায় -

সঘন কোলাহল যাতনায়

স্মৃতিরা নির্বাসিত নিরালায়,

প্রত্যাশার দ্বারে দিনে দিনে বাড়ে

মৃত স্বপ্নের সঞ্চয়,

পরাণ তবুও মগ্ন সদা

    ভালোবাসার অফুরান যাচনায়।

সব লিখে রাখা হবে

মিলনের উৎসব হতে --

সরে গেছে তারা কোন্ অজ্ঞাত জগতে

বঞ্চিত যে জন!

জন্ম মৃত্যুর যাতন

অতি সন্তর্পণে গোপন,

জানিল না কেহ --

বিরহে প্রমত্ত মেলা হতে

      কত দূরে নিঃসঙ্গতার আয়োজন।

আমি তাহাদেরই অনুরাগী --

কান্নায় ভেজা গল্পে তন্দ্রাহারা -আবেগী,

মনে- প্রানে, শূণ্যতায় -পূর্ণতায়

বিরহের ব্যথা বিভীষিকায়--

কখনো আতুর প্রেমিক,

মৌন দিন রাতের সহন শুশ্রুষায়

      দৃশ্যত শান্ত স্বাভাবিক!

ফিরে দেখো প্রিয়তমা-

স্মৃতির জানালায় ঝুলে এখনো

শুকনো ফুলের মালা,

কাব্যে অতীতের গন্ধ......

99

সব লিখে রাখা হবে

লেখনী ছন্নছাড়া!

তবু লিখবো,

       --এক নতুন পৃথিবী লিখবো,

নব জন্মের আশায় লিখবো,

মৃত্যুভয়ে লিখবো,

তোমায় নিয়েই লিখবো,

আরবার লিখবো, লিখবো বারবার,

তুমি ভালোবাসার বিবশ মূর্তি,

তুমিই সকল সৃষ্টির আধার।

মুখপোড়া আলো

অনন্ত আলোর তৃষা বুকে-- জ্বেলেছি মশাল দিবালোকে!

যাপিত জীবন নিরন্তরে- মুখ পোড়া সেই আলোকে!

দৃষ্টিকোণের আবছায়াতে-

কোন্ পরশমনির অন্বেষণে বাড়ছে মায়া অলক্ষ্যেতে,

হেথায় যারে পেয়েছি আমি, সেও যে ভীষন সুখাবেশী!

কালের মুখে কলঙ্ক এঁকে নিজেও সেজেছি ছদ্মবেশী!

তৃপ্তিহীন এ আলোকে --কোথা খুঁজি নাই নিজেরে!

ভালোবাসার নগরী হতে চেতনাহীন পাষানপুরে,

একাকিত্বের বিতৃষ্ণায়, বিচ্ছেদে- ঘৃণায়

সুখ-দুঃখের সমাবর্তনে, বৃথা স্মৃতিচারণায়,

দিশা বিনে মন ক্ষ্যাপা ছুটিয়া বেড়ায়-

কোন্ অজ্ঞাত সীমানায়!

সব লিখে রাখা হবে

চারদিকে আলোর বিড়ম্বনা নিঠুর, পড়েছি দারুন সংকটে,

অদৃষ্ট বিনে কিছু নাহি দৃষ্ট, ধরা কিছু নাহি দেয় এ আঁখিপটে!

যা কিছু দুঃসহ, যতখানি দুর্ভোগ- তা লয়ে দিনান্তে একলা বসি

বারে বারে নিয়তিরে করেছি দোষী!

কোন্ সে দূরে উদাসী সুরে- রাত পোহানোর গান বাজে ঐ,

আমি তখন গ্রহনকালে, অস্তগামী নই!

আমার বুকেও আলোর তৃষা- নিদারুন তার মায়া,

শোকাবহ এ আলোকে নাচে মৃত্যুর কালো ছায়া!

এই আলোকে ফোঁটে না ফুল, ভস্ম হয়ে ঝরে,

এই আলোকেই মুখ পুড়েছে -আলোর অহংকারে!

অংশীদার

রাজা ভক্ত প্রজার দেশে

    রাজার নীতি সর্বনেশে!

নীতির রাজা সর্বহারা

    হাড় হাভাতের করাল গ্রাসে!

উদরে বিষ ঊর্মি তোলে,

    হায় রে তবুও জীবন্ত!

সভ্যতারে মৃত ভাবি

    আর সময়টারে ঘুমন্ত!

সহনের জয় - খুব দুরে নয়,

    আকাঙ্ক্ষিত এ দুনয়ন!

নিগৃহীতের বেষ্টনীতে

সব লিখে রাখা হবে

ঐ আকাশছোঁয়া উন্নয়ন!

মিটিং-মিছিল-বনধ্-অবরোধ

সহযোগীও আন্দোলন,

শরিক তুমি, শরিক আমি

গরিষ্ঠতারই আস্ফালন!

ঢাক পেটালেই তুষ্ট যিনি--

হ্যাঁ, তার সাধনেই খয়রাতি!

শূন্য ভাঁড়ার, ঘোর অনাহার

অভিযুক্ত সেই দুর্নীতি!

পড়শি তোমার অস্ত্রধারী --

সন্ত্রাসে তার বসত বাড়ি,

কোন্ দেবতার কলকাঠিতে-

চলন, বলন, হুকুম জারি!

তুলবে কারে কাঠগড়াতে,

কার দিকেই বা ছুঁড়বে কাদা!

সব লিখে রাখা হবে

দেখছি সবাই, দেখার মত -

  নিচুতলার গোলকধাঁধা!

গল্পের গরু মগডালেতে,

  শকুনে তার জোটায় আহার,

ভাগাড় নিয়েই ভাগাভাগি --

  পরিবর্তনের ইস্তেহার!

ভাঁওতাবাজি কাজের কাজী --

  বহর দেখো জনসেবার!

শাসক- শোষক দুই-ই রাজি,

  হবে উন্নয়ন অংশীদার!

ঠিকানা

এখানে আমার চৈত্র দিন!

আনাচে কানাচে অফুরান ঝড়ের আভাস!

হাওয়া এতটাই উতল!

খোলা আকাশের ধার ঘেঁষে মেঘলা দিন

পড়ন্ত বিকেলে খুঁজে পায় অপেক্ষার ঠিকানা,

অসময়ে নামে সন্ধ্যে!

মনের ভেতর নামে শূণ্য রাত!

একাকী কল্পনায় খুঁজে পাই –

উচাটন জীবনের রন্ধ্রে রন্ধ্রে ভুল!

রংচটা স্মৃতির টানে --

ঘরকুনো এখন বাউন্ডুলে!

ঠিকানা হারিয়ে যদি আসতেই হয়

তোকে আসতে হবে ফাগুন পেরিয়ে,

আর তাতে মন সায় না দিলে.....

সব লিখে রাখা হবে

কোথায় আছি জানি না!

হঠাৎ কোনো একদিন হারিয়ে যাবো

তোর কল্পনায় আর কামনায়!

এটুকু প্রত্যাশা নিয়েই নিজেকে ঘরছাড়া করেছি!

এক ধ্বস্ত সময়ের মুখোমুখি আমার শহর,

চোখের সামনে স্বপ্নের ইচ্ছামৃত্যু!

আশা কিংবা দুরাশার নিভু নিভু আগুনে

জ্বলতে থাকা অচেনা সংশয়ে

ধ্বংসের মুখোমুখি পথচলতি সবাই!

তোর চোখের দৃষ্টিতে বুঝেছি--

হঠাৎ কোনো একদিন বৃষ্টি নামবে আমার পৃথিবীতে!

তবে যেখানেই থাকি না মরে বেঁচে,

মারাত্মক ভালোবাসতে ভুলব না কোনোদিন!

ইচ্ছে

আমারও ইচ্ছে হয়!

ভীষন ইচ্ছে --

নিত্য দিনের স্বপ্নে তোকে ভাবি,

চোখের ভাষায় বলে দিই মনের কথা,

যা কখনো হয় নি বলা!

আমারও ইচ্ছে হয়!

প্রবল ইচ্ছে --

জীবনের চূড়ান্ত স্বচ্ছলতায়

একবার তোকে ছুঁয়ে দেখি,

বড় অভাবী মন --

বিদায়বেলায় পিছু ফিরে

তোকেই খোঁজে!

আমারও ইচ্ছে হয়!

গোপন ইচ্ছে --

সব লিখে রাখা হবে

যে গানে বৃষ্টি নামে,

সে গান গাই, পারি না,

গাইতে পারলে –তোর ভালোবাসার

মরা নদীতে বান আনাতাম!

এপাড় ওপাড় হয়ে গেলে একাকার,

তোকে নিয়েই বাঁধতাম বেলা শেষের ঘর!

আমারও ইচ্ছে হয়!

অদম্য ইচ্ছে –-

নিজেকে মেলে দিই তোর আকাশে!

তোর মত দেমাকি অহংকারে নয়,

ভালোবেসে।

কুঁড়ি

আজ আমি সুশোভিত ফুলের বাগানে

কুঁড়িদের দিই পাহারা,

পরিণত ফুলের সৌন্দর্যে –

মুগ্ধতায় মাতি যখন তখন,

আবার কুঁড়ির সন্নিকটে

মদির চোখে চেয়ে থাকি –

কখন ফোঁটে ফুল!

বেশ কিছু ফুল রাতেও ফোঁটে,

পাঁপড়ি মেলে আঁধারেতে,

দ্বাদশীর চাঁদ চেনায় পৃথিবী

স্নিগ্ধ আলোর বিচ্ছুরনে,

এক পৃথিবী নানান রূপে

সব লিখে রাখা হবে

সাদা কালো আর জ্বলজ্বলে!

অনুভুতি স্বপ্ন খোঁজে –

অমানিশার অন্ধকারে,

বেশ কিছু ফুল রাতেও ফোঁটে,

পাঁপড়ি মেলে অবেলাতে!

আমি পারি

মাঝপথে যা ঘটে ঘটুক,

সুখের সন্ধানে চলতে চলতে

ক্রমশ ছেড়ে যাচ্ছি সব মায়া,

এই সুন্দর পৃথিবীতে আমি স্পর্শকাতর!

ভাঙনের শব্দ পেলে আমি ভাঙ্গি,

গড়ার অঙ্গীকারে গড়ি,

সব লিখে রাখা হবে

সামাজিক অবক্ষয়ের সীমানায় দাঁড়িয়েও

এখনও হতে পারি বিস্ফারিত,

আবার সুদিনের সফল প্রস্তুতিতে

গাইতে পারি জয়গান!

হাজার বছরের রণভূমি

পেরোতে পারি শূন্যহাতে নির্ভয়ে,

সমস্ত বিভেদ ভুলে আজ

স্থিত হতে পারি সংজ্ঞাহীন

সঙ্গীহীন প্রাগুপ্ত সংগমে, যেখানে

এক ধারায় এক ভাবে বয়ে যায়

আগামীর সুখ-দুঃখ, হাসি-কান্না।

সুখ

জানো কি--

একলা থাকার মধ্যে একটা সুখ আছে!

যেখানে অন্তত নিয়মের তোয়াক্কায় কোনো

বাধ্যবাধকতা থাকে না,

একা থাকার প্রবণতা --

মন থেকে দুর করে নিজের প্রতি তুচ্ছতা,

ঐ যে দেখছো জঙ্গল জুড়ে গাছের সারি,

আসলে সব একা, আর

একাই বেড়ে ওঠা, শুধুমাত্র --

ছায়ায় ছায়া মিলে যেন নামে গোধূলি!

মহীরুহ থেকে ক্ষণজন্মা --

নতুন আলোর সন্ধানে কেউ উর্ধ্বপানে চায়,

কেউ চারদিকেই আকাশ খুঁজে বেড়ায়!

কখনো একা হলে --

মনে কোরো সমস্ত পৃথিবীটাই তোমার,

সব লিখে রাখা হবে

এখানে নেই কোনো অংশীদার,

সমস্ত আলো তোমার, সমস্ত অন্ধকার তোমার,

দুর দুরান্ত তোমার,

পরাণ যা চায় তার সবটাই তোমার,

সেদিন দেখবে --না পাওয়ার মধ্যেও ঠিক খুঁজে পাবে সুখ,

জানবে তোমার চিন্তারা পেয়ে গেছে তাদের প্রবাহ পথ।

সূর্যের মত

বিকৃত বিবেকের তারারা বিকোয়--- নিলামের পণ্য যেন!

গ্রহণের মুখে আজ একা সে দীপ্ত, একা সে তীব্র সূর্য সম,

আলোর আস্বাদ ভুলে পুঞ্জে পুঞ্জে চলে--গোপন অভিসন্ধি,

তুষ্টিকরণের ব্যর্থতা -নিরর্থক দ্বন্দ্বিতায় গড়ছে বিরোধী!

সব লিখে রাখা হবে

মোরা কৃতজ্ঞতা ভুলে, সততার প্রশ্ন তুলে -মিলিয়েছি সুরে সুর!

বীতশ্রদ্ধ মনে -কোন্ সে আলোর মোহে তারে করি দুর-দুর-দুর!

কত রক্তে সূর্য ডোবে! কত জন্ম হাপিত্যেশে -ছুটছে মরণ সন্ধানে!

নৈতিকতার অঙ্গনে চলছে কত উলট পুরাণ - উদয়াস্তের ব্যবধানে!

অগ্নিগর্ভ চলার পথে, উত্তরনের প্রেক্ষাপটে ভাবীকালের হাহাকার!

প্রতিবাদের নামে -খুঁজছি নিজের আকাশ-মাটি, হারানো অধিকার!

প্রতি পলে অনুপলে বেঁচে থাকার দাবী হেথায় -আর্তিতে বদলায়!

সর্বস্বান্তের তরে -দিনে রাতে মিথ্যাচারী পালা বদলের গল্পো শোনায়!

সূর্যোদয়ের মৌন আকাঙ্ক্ষায় আজো গুনছি মাশুল অনুশোচনায়!

বলো কবে নামবে পথে, অধিকার ছিনিয়ে নিতে --যুদ্ধের উন্মাদনায়!

আজ সাহসের আস্ফালনে, স্বৈরাচারীর মনে শঙ্কা দিয়েছি পুঁতে!

সব লিখে রাখা হবে

রং মাখা মসনদ! নিয়েছি শপথ- মোরা ধুইয়ে দেবো রক্তে!

মোরা সৈনিকের দল, আছে ন্যায়ধর্মের বল, মোরা দৃপ্ত অবিচল!

সমঝোতা নয়, সংগ্রাম শ্রেয়, মোরা নিপীড়িতের প্রতিবাদী অনল!

সর্বংসহা সন্ত্রাসে কিংবা শান্তিসংকটে, মোদের আত্মাহুতি যুগে যুগে,

দেশ দেবতার চরণতলে সঁপেছি মম প্রান অব্যর্থ   বিপ্লবী অনুসঙ্গে!

কথা

১.

এ যাবৎ যা কিছু শুনিয়েছি

সবটাই আমার অনুভুতির গল্প.....

স্তব্ধ নির্জনতায় একান্তে

যতবার নিজেকে ফেরাতে চেয়েছি

অতীত ও স্বপ্নের সহবাসে,

ঠিক ততবার গভীর আচ্ছন্নে

ডুবে গেছে মন নীরবে নিশীথে,

গল্পের ভেতর প্রেম

এক গভীর দূরত্বে গোপনে

আত্মহনন ঘটায়,

উচ্ছন্নে যায় সব,

তুমি তখনো অনেকদুর,

সব লিখে রাখা হবে

আমার কথাগুলো....
তোমায় ছুঁতে পারে না কখনো!

২.
রাত বাকী,
আশা ছিল --কথা শেষ হতেই
        কেটে যাবে মোক্ষম রাত,
আমার সমস্ত স্মৃতি-বিস্মৃতি-অনুভুতি
বুকের ভেতরের কামনা-বাসনা-যন্ত্রনা
এখনো আগের মতই নির্বোধ
        আর নিয়ন্ত্রনহীন।
যা কিছু বলার
        বলতে না পারায় এ যাবত্
        কথা জমেছে আরো অনেক অনেক,
সমস্তকিছুকে যখনই
        দিতে চেয়েছি ভাষার বিস্তার,
ঠিক তখনই বরাবরই ঘটেছে
        শব্দের বিলুপ্তি,
বোধ হয় আমাদের আদ্যান্ত সম্পর্ক জুড়ে

সব লিখে রাখা হবে

শুধুমাত্র আমাকেই আষ্টেপৃষ্ঠে জড়িয়েছে

প্রান্তহীন দুর্বলতা!

গল্প

রোজ রোজ সময়ের নতুন রূপ!

চিনতে হয় নতুন করে,

উত্তরনের পথে ছড়ানো মৃত্যু,

মুক্তির পথে অধঃপতন --

আমি তার ধ্বংসাবশেষ,

আমি মূল্যহীন পরিত্যক্ত মানুষের প্রতিবিম্ব,

তাই প্রতিবাদ করতে ভয় পাই!

আমি মানুষের নয় --

টিকটিকি কিংবা ফড়িং-এর গল্প লিখি,

আমি দেয়াল গড়ি--ঘর নয়,

যেখানে কোনোমতে ঝুলে থাকতে পারে সম্পর্কের আশ্রয় --

শিকারের শুকনো খোলসের ন্যায়!

ফুরিয়ে গেছে নব জন্মের আশ,

তবুও জীবন্ত সম্ভোগের অভিলাষ,

সব লিখে রাখা হবে

ছিঁড়ে ফেলি পিছুটান,

শুনি না নিষেধ বারন,

চোখের সামনেই ভাঙে সব,

আর উদগ্রীব কিছু মানুষ --

রাতারাতি লিখে ফেলে

আমার ঘর ভাঙার গল্প!

উত্তরন

কুড়িয়ে পাওয়ার জন্যে আর নয়,

এবারে আলোর ঐশ্বর্যে নিজেকে সাজাও,

শেষ করো নির্বাসন থেকে মুক্তিকামনা,

যেখানে পতন --সহবাসের অধিকার

হারানো উল্কাপাতের মতন,

উত্থান --স্বপ্নালু চোখে দিবাস্বপ্ন!

সব লিখে রাখা হবে

সেখানেই পথ দেখাও!

বিক্ষত বুকে জন্ম দাও অতল প্রেরনা,

আর গাঢ় সান্তনা,

তোমার উত্তরনের অপেক্ষায়

এক অন্ধকার সময়!

আর কতকাল!

ভোগ বাসনা নিয়ে এভাবে

চেয়ে থাকবে পৃথিবীর দিকে,

সুপ্ত বিবেক জাগ্রত করো এইবার,

জন্মের অলিখিত শপথ একটি বার

ছড়িয়ে দাও সুন্দর পৃথিবী ব্যাপী,

তোমার অবদানে ভরে উঠুক প্রতিদান,

এই পৃথিবী কিছু বলতে চায় –

চলো একবার সকলে একসাথে

মনোস্থাপন করি,

আঁকড়ে ধরি শান্তির লালিত বানী,

ফিরিয়ে আনি চৈতন্যের শক্তিকে।

আতঙ্কের নাম ভাঙ্গন

আজ কাল পরশু সময়ের

কয়েকশো একর দখল করে থাকলেও

কয়েক মুহূর্তের ভেতর দিয়ে অসময় ছিনিয়ে নেয়

একটা গোটা পৃথিবী,

তবে যাই ঘটে ঘটুক,

পৃথিবী ভাঙে ভাঙুক --

আমদের চাই পায়ের তলায় মাটি,

আকাশ ভাঙে ভাঙুক --

সূর্যটাকে বাঁচিয়ে রাখতে আমাদের বা-হাতই যথেষ্ট!

আর তখনই ঘটে পতন-- ইতিহাস সাক্ষী!

উত্তরনের নেশায় একটা আস্ত পৃথিবী

হঠাৎ থেমে যায়!

আত্ম মগ্নতায় ডুবে থাকতে থাকতে

আলোর ঢাকা চোখের দৃষ্টিতে নামে অন্ধকার,

সব লিখে রাখা হবে

একটানা সারারাত ধরে দুহাত বাড়িয়ে

খুঁজে ফেরে আগুন,

কিন্তু কিছুই পাওয়া যায় না,

ধৈর্যের বাঁধ ভাঙে --

ভীষনভাবে ভালো থাকতে থাকতে

জীবনের দু পাতার গল্পে –

ধরে সম্পর্কে ভাঙন!

একটা আতঙ্ক নিয়ে কাঁদে জন্ম, কাঁদে মৃত্যু!

শূণ্য হাতে দাঁড়িয়ে থাকে সময়ের প্রান্তরে

ঘোর একাকিত্বতায়

এক ভাঙা পৃথিবী!

যাপন

তুই অন্ততঃ বনের পাখি নোস্‌,

তুই নিখুঁত সংসারী,

তোর ভেতরে অনেক ভেতরে আরো ভেতরে

অদম্য ভোগবাসনায় বাসা বেঁধেছে

একার সংসার,

তাই বারবার হয়েছিস্‌ খাঁচাবন্দি

আর আমি বৃথাই ফাঁদ ভাঙতে ভাঙতে

ছুটে গেছি বন থেকে বনান্তরে –

সেই কাকভোর থেকে সূর্যাস্তবেলায়,

মুঠোভর্তি ক্ষীণ আলোয়

খুঁজে গেছি তোর ছায়া আর

বলতে গিয়েও না বলা কথাগুলো

সময়ের কানে দিতে দিতে

সব লিখে রাখা হবে

পেরিয়ে গেছি দুর্ভোগের আরেকটা দিন,

তারপর রাত্রী ঘনিয়ে এলে --

অভিমানের বশে

জ্বলন্ত অগ্নিকুণ্ডে রেখেছি হাত,

দেখেছি -- আজো

কাঁদতে গিয়েও কাঁদে নি কেউ।

সুনন্দা ভালো আছিস

ভালো লাগে বলেই ছুঁয়েছি রোদের আকাশ,

উড়ন্ত বিধ্বস্ত সাদা পালক যখন পড়ন্ত,

আশ্রয় দিতে হাত পেতেছি, আর

মাথা পেতে নিয়েছি পৃথিবীর ভার,

আজো অজ্ঞাত তার সীমাবদ্ধ গূঢ় গল্পকথা.....

সব লিখে রাখা হবে

কেউই জানে না --

আমার অবেলায় ঝরা কবিতা তোকে খোঁজে!

পরিত্যক্ত স্মৃতিস্তম্ভগুলি বলে দেয়

বিবর্ন অতীত।

তোর অথৈ স্বপ্নে লক্ষ পাখির শিস্

এর আগে কখনো শুনিনি,

তোকে চিনতে আজ বড় ভুল হয়,

চোখে দিনবদলের স্বপ্ন রেখে

তুই নিশ্চিন্তে ঘুমোতে পারিস,

স্বপ্নেরাও জানে না --

তুই কতটা অভ্যস্ত সইতে স্বপ্ন ভাঙ্গার ব্যাথা!

তোর অবুঝ অবাধ্য স্বপ্নগুলো

প্রতিনিয়ত রং হারিয়ে ফ্যাকাশে,

তবু কত নতুন স্বপ্ন.....

কি করে দেখিস্ সুনন্দা!

শেষ জন্ম

আকাল--

সম্ভব অসম্ভবের মাঝখানে

তোমার আমার আকাঙ্ক্ষার বীজ

একান্ত তৃষ্ণার্ত,

তোমার সুখের ভাষায় লেখা প্রিয় চিঠিরা

এখন মুক্তি খুঁজে পায়

আমার রাত ভোরের অভিমানী কবিতায়,

সম্পর্কের অজানা গভীরতায়

আলোড়ন তোলে কিছু অস্পষ্ট ভুল,

অতীত ঘেঁটে চলে আসন্ন সময়,

ধ্বসস্তপের উপর দাঁড়িয়ে --

বহুকষ্টে লুকোনো হতাশা উদ্ধার করে চলেছে

আহত প্রত্যাশা

আর নিশ্চুপ অনুভব শহরের আনাচে কানাচে

সব লিখে রাখা হবে

খুঁজে নিচ্ছে আমাদের শেষ না হওয়া সম্পর্কের

কিছুটা উষ্ণতা।

বিষন্নতার আগল খুলে খুলে

আজ না হয় আরো একটু গভীরে যাও

সম্পর্কের, ভালোবাসার,

এক পা দু পা ফেলে ফেলে

শেষবারের মত শেষ করো রাস্তা মাপামাপি,

হাতে হাত রেখে হও দেশান্তরমুখী,

নয়তো চাউনি কেবলই ছোট হতে হতে

দৃষ্টি একদিন মিলিয়ে যাবে --

কে জানে, যদি এটাই শেষ জন্ম হয়!

অন্ধকারেরে দিনগুলি

ভেবে দেখো, একদিন

জোছনার আলোয়

পেরিয়ে গেছি

পৃথিবীর কয়েক হাজার মাইল....

আর গোধূলির আলোয়

চেনা পথ মনে হয়েছে অচেনা,

ক্রমশ নিভছে দিনের আলো,

হঠাৎ খাদের ধারে এসে

থেমে গেছে পথিকের পদবিক্ষেপের শব্দ,

মায়া আর মৃত্যুর মাঝে দাঁড়িয়ে

আমি পাথর ভাঙা শব্দ শুনি

গোপন ব্যথার অন্তরালে,

ফেরার টানে বাঁধি ঘর –একলা ঘর,

ধরো যদি হঠাৎ করে হারিয়ে যায়

সব লিখে রাখা হবে

আমার বছর তিরিশের কবি,

যেখানে তোমার কোলাহল

ছুঁয়ে আছে আমার নিঃসঙ্গতা,

ক্রমাগত বেড়িয়ে আসছি

সেই অহংকারের গন্ডী ছেড়ে,

কোনো একদিন গ্রহণ লাগে

বাড়ি ঘরে সংসারে নামে অন্ধকার!

দহন

আর কতদিন!

এইভাবে মৌন রবে,

তুমি একবার নিজের কথা বলো,

গোপন ব্যথায় জরাজীর্ণ কথাগুলো

চিত্কার করে বলো একবার,

দেখো কেউ ছুঁতে পারে কিনা

সব লিখে রাখা হবে

তোমার একাকিত্বতা,

কেউ বহন করতে পারে কিনা

তোমার স্বপ্নভার,

আর কতদিন!

এখনো তোমার মাথায় ওঠে নি--

কালজয়ী মুকুট,

গলায় চড়ে নি জয়মাল্য!

তুমি স্রষ্টা, অভূতপূর্ব সত্তায় সাজিয়েছো

তোমার চিরন্তন সৃষ্টি --

যেখান থেকে পুরো পৃথিবীটা দেখা যায়,

আর কতদিন!

ইচ্ছেরা এইভাবে পুড়ে যাবে--

যেভাবে আলো দিতে দিতে প্রদীপের বুক পোঁড়ে,

তবু আলো আঁধারির সন্ধিক্ষণে

নতুন আলোর উদ্যমে

স্বপ্ন সাজে বহুমাত্রিক রূপে,

আবারও রাত্রি ঘনায়!

চোখের সামনে কিছু স্বেচ্ছাচারী তখনো

কেমন নির্লিপ্ত ভঙ্গিতে দাঁড়িয়ে!

সব লিখে রাখা হবে

ইচ্ছেগুলো পুড়ছে..... পুড়ুক,

আর কতদিন!

স্পর্শ

ভাবি নি --

তার জন্যে একদিন

অপতৃষ্ণায় ডুবে যাবো,

ভালোবাসা মাপার জন্যে কিচ্ছু নেই,

অযোগ্য পৃথিবী হয়ে জেগে আছি,

বোবা চাঁদ এইমাত্র উঠোন পেরিয়ে গেল,

পেছন থেকে ডাকলাম --এই কারনে

উত্তর না দিক্,

অন্তত: কিছুটা উষ্ণতা দিয়ে যাক্।

বসন্ত পথিক

বয়ে গেল কত বসন্ত লগন!

চিন্তনে যাপিত দিনক্ষণ,

বিষন্ন দুয়ারে একাকি মন

ঔদাস্যে থেকেছে চির মগন!

ভগ্ন হৃদয়ের পাশে –

বিরহের কবি বসে

লিখছে প্রলাপ অন্তহীন --

কাব্য আজো স্বপ্ন ছোঁয়া

কল্পনাতে গেছে খোয়া,

কবে হবে বসন্তে রঙিন!

ক্ষণিকের অতিথির ছলে

ঐ বুঝি এলো বলে

গৃহত্যাগী অভিমানী স্বজন!

বিভ্রান্তির মায়াজালে

সব লিখে রাখা হবে

থেকেছি যত দ্বন্দ্বের কবলে

করি নাই বসন্ত পূজন!

ফাগুন পিপাসায় মরি --

কাতর প্রানে তারে স্মরি,

তারে চাহি অনুভুতির অরন্যে!

কল্পনাতে সাঙ্গ বেলা --

থামে নাই পথের চলা,

ফাগুন প্রেমে হয়েছি হণ্যে!

কে করিল তারে মানা

ঢালিতে হেথায় রঙের কণা!

নামখানি তার নয়কো জানা!

অশনী সময় ঐ বয়ে যায়

জীর্ন শীর্ন ধূসরতায়,

ধূলোয় মেশে আস্তানা!

যা কিছু পুরাতন--

সবখানি তার অচেতন,

জাগায়ে চলে নিরন্ত যাতন,

সৌন্দর্যের অহমিকায়

সব লিখে রাখা হবে

পতিত যবনিকায়

আকাঙ্ক্ষার সর্বান্ত নিবেদন!

চারধারে লেগেছে তখন

বরেণ্য বসন্ত লগন

দারুন মনোলোভা!

কার লাগি ফোঁটে ফুল

সুশোভিত বনকুল-

ছড়ায়ে আগুন রঙের আভা!

মর্মভেদী উদাসী সুরে

ক্লান্ত কোকিল ডেকে ফেরে

নিরালার কূলে কূলে!

প্রস্ফুটিত পুষ্পদলে --

পুলকিত হৃদয় দোলে

কবি মনে জাগরুক বসন্ত প্রণয়,

সুরে ছন্দে তালে তালে

উচ্ছলিত পরাণ দোলে --

স্মৃতিভারে দোলে অস্তমিত সময়!

সব লিখে রাখা হবে

হেথায় মোর রুক্ষ দিন,

রাত্রী মোর শ্রান্তিহীন,

কানে বাজে বঞ্চিতের বিলাপ!

নাইকো হেথায় উত্তরন,

নাইকো আলোড়ন,

হেথায় জীবন ব্যথার প্রলাপ!

চক্ষে ভাসে ধ্বংসলীলা,

ক্লান্তি টানে সৃষ্টি খেলা

তব নিষ্ঠুরতার ত্রাসে!

একান্ত তৃষ্ণার্ত স্বপন,

যতখানি করেছি বপন -

সবই গেছে প্রতিকূলতার গ্রাসে!

ঘোর বিপত্তি অনিবার্য

রহিল তাহাই শিরোধার্য

প্রতীক্ষার নাই বা হইল অবসান!

এভাবেই ভালো থাকা

তোমার আমার মধ্যেকার

নাম না জানা অভিমান আর

মুখ চোরা প্রত্যাশা ক্রমশ

ভাঙছে আত্মিক সম্পর্ক,

যেভাবে বালির বাঁধ ভাঙে সশব্দে --

তোমার কাছে বিস্তীর্ণ বালির চড়,

আমার নৌকো জলে ভাসে রাত দিন,

কোথায় শেষ ঠিকানা?

তুমি নির্বোধ, এ কেমন তুমি!

এভাবে স্মৃতি ভেঙে ফেলা গেলেও

বদলে ফেলা যায় না কখনো!

নিজেকে যতদূর ভালোবাসা যায় --

নিছক আরো একটু ভালো থাকার জন্যে

সব লিখে রাখা হবে

সেভাবেই ভালো আছি,

ভালো আছে আমার আকাশ,

ভালো আছে আমার তারার দেশ।

এখন আর কোনো কষ্ট নেই,

আপোষ করতে পারি বলেই --

আমার হার নিশ্চিত!

তবুও সাজিয়ে রাখো সৈন্যদল,

গড়ো জয়ের ইতিহাস,

তারপর নিজেকে দেখো --

একবার দেখো,

তুমি আজো ভিনদেশী,

ছিনিয়ে নেবার নেশায় টলছে শরীর,

মনে হয় ঘুমোওনি কতকাল!

অথচ কত চোখের ঘুম তোমার কবলে!

এখন আর কোনো দুঃখ নেই,

কাঁদতে পারি বলেই --

ক্লান্তিতে হোক্ কিংবা শান্তিতে

গভীর ঘুমে কাটে রাত!

কালের খেয়াল

১.

বুকের ভেতর জ্বলবে আগুন

স্বপ্নগুলো কেড়ে নিলে,

সময়টুকু ছিনিয়ে নেবো--

শূণ্যহাতে ফিরে এলে,

কালের খেয়ালে ঘর ভেঙেছে,

সময় কেটেছে, রাত বেড়েছে,

আপন খেয়ালে আসা যাওয়া

হিসেব ছাড়া, লাগাম ছাড়া,

স্বপ্ন কেবল বাঁচতে শেখায়

সময় চলে একা!

২.

শহর ভাঙছে, গেরাম ভাঙছে

সব লিখে রাখা হবে

ভাঙছে পাড়া- গাঁ,

অন্ধকারে নাড়ির গতি --

শহরতলি থেকে অন্ধগলি

শুনসান্ বোধ ভুলে এবার

উঁচিয়ে তোলে হাত!

গর্জে ওঠে আকাশ বাতাস

গর্জে ওঠে প্রান,

এরই মাঝে বাঁচা মরা

সবটাই কালের খেয়াল!

কেউ নেই

১.

সভ্যতার উত্তরনের পথে দাঁড়িয়ে--

কেউ লিখুক ঘৃনার পাদস্পর্শে

অবহেলিত পৃথিবীর সমাধির উপর চিরন্তন ছাইলেখা,

সব লিখে রাখা হবে

বিষাক্ত মানুষের উড়োচিঠিতে-

সর্বনাশের কর্মসূচী

নিঃশব্দে জানান দেয় হিংস্র সময়!

মৃত ইতিহাসের মুখাগ্নি করে লোভের প্রেতাত্মা!

সভ্যতার অপমৃত্যু! খুন নাকি আত্মহত্যা!

উন্নয়নের নীল বিষ, লাল এখন স্বচ্ছ স্বাভাবিক,

যারা বেঁচে আছে-- তারা আদম-হবা,

পরিনত বোধ বুদ্ধিহীন, অসাড়-

ঠিক যেন মৃত্যুর কাছে আত্মসমর্পণ!

সমৃদ্ধির আড়ালে চোরাগোপ্তা জগত!

কাহিনী আরো বিষন্ন,

পরিচয় অবৈধ, সার্থক নামকরণ --অভিশপ্ত,

কেমন ইস্তেহার!

কেউ অসাড়, কেউ সংবেদনশীল,

ঘরে বাইরে কেউ নেই, কিছু নেই।

২.

নতুন অধ্যায় আর প্রত্যাশা পূরনের জন্যে

অসাধারণের দুর্বোধ্য প্রতিবাদ লেখা হয়--

141

সব লিখে রাখা হবে

ধার করা সাধারণের রক্ত ঘামে,

আর দিনবদলের গল্প নিয়ে রাত জাগায়

কিছু হিংস্র নিশাচর,

শেখায় প্রতিবাদ,

কিছু পুরোনো হিসেব নিয়ে--

পিছু নেয় নির্বাক সময়,

মুখ খুললেই প্রতিহিংসা,

তাই অসাধারণের মোহ ছেড়ে

ক্রমশ মিশে যাচ্ছি সাধারণের দলে!

তারপরও কিছু মানানসই না হলে--

নিজেকে তুলে দিই ভাগাভাগিতে,

নিজের ভেতরের অবশ জানোয়ার

আমার দাম বহুগুনে ছাড়িয়ে যায়,

কারোর হাতের অস্ত্র হয়ে উঠলে

ঠান্ডা মাথার উদ্দেশ্য গরম রক্তে ভেজে,

কেননা যেখানে যেখানে শেষ কথা হয়ে ওঠা যায়--

সেখানেই নিশ্চিন্তে আর শান্তিতে ঘটে

একঘেয়ে মূল্যায়ন!

নক্ষত্র

আজো চেনা যায় নি,

অথচ ক্রমশ জীবন থেকে মিলিয়ে যাচ্ছে

সম্পর্কের সুর,

আলোর রেশ কমে নি,

মাঝে মাঝে বিরাট শূণ্যতা!

হিসেব রাখি নি বলেই চোখে পড়ে না!

এখন কুকুরের মুখে --

মৃত অচেনা পাখির ধ্বস্ত দেহ,

পালক খসে পড়ে।

ঘৃণার প্রতিপালনে আমরাও --

কিছুই অপূর্ণতা মনে হয় না,

তবু জল্পনা কল্পনায় জাতের বিচার,

সব লিখে রাখা হবে

তারপর --

চারপাশ সজাগ হয়ে উঠলে

আমাদের বিষাক্ত অন্তর্ধান!

হয়ত নামকরন কোনোদিনই হবে না।

ছোঁয়াছুঁয়ি

আমাদের সময় জুড়ে সর্বনাশ,

ধ্বংসস্তুপ আর ভাঙাচোরা দেহ,

বাঁচার পথে পথে মৃত্যুর আদলে অভিশাপ!

জানি দেখা হবে --

সেদিন শরীরে বইবে ছোঁয়াচে বিষ,

যাকে খুশি ছুঁয়ে ফেলতেই পারি

নির্বিচারে,

হয়ে যেতেই পারি নিতান্ত নির্দয়,

এখানে ছোঁয়াছুঁয়ির নেই নিস্তার!

সব লিখে রাখা হবে

দিকে দিকে নির্ঘাত মৃত্যুর ডাক,

যারা খুলে দেয় নরকের দরজা

মুখ তাদের যায় না দেখা!

তবুও রাজপথ-প্রাসাদ-ইমারত-আস্তাকুঁড়ে

থেকে স্বপ্নের জগত নির্ভয়ে শোনায়

পুনর্জন্মের গল্প.......

এরপরও যদি দেখা হয় --

চোখে জল আসা বারন,

পাশে থাকা বারন,

ছোঁয়া বারন।

এখানে সময় জুড়ে নির্লজ্জতা,

যেদিকে তাকাই সব নগ্ন বলে মনে হয়,

নগ্ন মন, নগ্ন বিবেক, নগ্ন অনুভূতি

এ নিয়েই --

নিবিড় প্রেম বারবার ছুঁয়ে ফেলে

চাঁদের উন্মুক্ত শরীর,

কলঙ্কের উপর কলঙ্ক,

মেঘেদের দীর্ঘশ্বাসে কিছু আসে যায় না!

সব লিখে রাখা হবে

নগ্নতা নিরাময়ে কোনো আমল নেই,

যেখানে যেখানে নগ্নতার স্পর্শ ছাড়া

বাঁচা যায় বলে মনে হয় --

সেখানেই নোংরা মনের বস্তাপচা চাহিদা

ভিড় করে,

কারোর চোখে পড়ে না,

কেউ এড়িয়ে যায় না দেখার ভানে!

লজ্জায় এখন আর মাথা নিচু হয় না।

স্রোত

বেশ ছিলেম একা- স্বপ্নে বিভোর, শান্ত, নিজেতে মগ্ন!

মোহময়ী তুমি, করলে আমায় দুরন্ত নদী,

সহসা হারিয়ে গেলাম সংগমের অপার তাড়নায়,

বিন্দু হতে সিন্ধু হবার অতৃপ্ত বাসনায়!

বেশ তো ছিলেম সে বিন্দুতে!

শুকিয়ে যাবার মুহূর্তে তুমিই এনেছিলে সাময়িক বর্ষন,

ক্ষণিকের প্লাবন, তুমিও কি সেই স্রোতস্বিনী!

যার প্রতীক্ষায় ছিলেম এতটা কাল নীরব -ধীর!

আকাঙ্ক্ষাগুলি ছিল সেদিন শৈবাল সম ভাসমান,

অপূর্ব শৈল্পিক ছিল তার সবটুকু বিস্তার!

আমি নদী হলাম, তুমি চাইলে আমিই হতাম মহসমূদ্র!

সব লিখে রাখা হবে

তবে এ কোন্‌ অভিশাপ ছুঁড়ে দিলে স্বপ্নের স্থির জলে,

অত্যাশ্চর্য এক তরঙ্গে ভাঙলো সুখনিদ্রা,

আমার কল্পনার সমুদ্র থেমে গেল মাঝপথে,

সংশয়ে সংশয়ে বদলে গেলো তার প্রবাহপথ,

পাছে আমার স্পর্শে সে সমুদ্র স্রোত হারায়!

চরম অভিশাপ ছুঁয়েছে দুজনারে--

তুমি অহংকারে উন্মত্ত এক পৃথিবী,

আমি খরা অভিশপ্ত, স্রোতের নিদারুন পিপাসার্ত!

আমি তো জানি-- আমার পরিণতি বরাবরই সৃষ্টিছাড়া,

তবে ঘৃণ্য নয়, স্বপ্ন তো বরাবরই দামি!

একবার চেয়ে দেখো-- কত অবহেলিত মরা নদী আজো

সমুদ্রে মেশার অপূর্ণ ইচ্ছেটাকে আগলে রেখেছে সংগোপনে!

আমি নিশ্চিত-- তারা আজো প্রান প্রতীক্ষায়,

হারানো স্রোতের মায়া হতে মুক্ত,

বড় ইচ্ছে করে- মিশে যাই তাদের দলে!

আজ বুক ভরা অভিমান- পাথরসম, আমি চলচ্ছক্তিহীন,

চারধারে অযাচিত স্থিরত্ব, অবধি তাতেই অভ্যস্ত,

সব লিখে রাখা হবে

কল্পনা উন্মত্ত, কল্পনা উন্মুক্ত, স্রোতখানি তার সদা জাগরিত,

আর তাতেই ভেসে যেতে পারি যেকোনো দিকে।

ব্যর্থতা

ইঙ্গিত আর ঈশারায় বিভ্রান্ত দৃষ্টি,

সেই দৃষ্টির সামান্য ব্যর্থতায় --

মুখ পুড়িয়ে দেয় রাসায়নিক সাদা চুন,

চল্ নির্ভেজাল কিছু করে দেখাই!

দ্যাখ্ কেমন করে শিশির- বৃষ্টি মিশে একাকার,

চেনা দায়!

ছিলই না--বলে

বিলিয়ে দেওয়া যা কিছু ভরে দিক্

কিছুটা শূণ্যতা।

ক্যামেরায় বন্দী সূর্য --

সেলফোন থেকে ধার করা আলোয় জ্বলে ওঠে!

আলো নয়, অচেনা রঙ --

কোনো মিল নেই, বরং বিশ্রী আর কদাকার,

জ্বলন্ত দেশলাই কাঠির কাছে

সব লিখে রাখা হবে

হার মানে সূর্যের সমস্ত আলো!

মাটি ভেদ করে সে আলো

যেতে পারে না বলেই --

কেউ কেউ নিঃশব্দে হেসে ওঠে।

ফলাফল

বোধ হয় --

কোনো কারন ছাড়াই হাত জোড় করে

জানাই ঘরে ফেরার আর্তি-

চোখ রাঙানিতে দু চোখে ভয় জড়ায়,

ঘুম ভাঙলে কালঘামে অবগাহন,

দুর্বোধ্যতায় সবই বিকোয়,

আমাদের মুনশিয়ানার আদ্যোপান্ত কদর

শিরোপাহীন,

প্রত্যাশা মাথা চাড়া দিয়ে উঠলে

আমরাই সংহতি চাই,

সব লিখে রাখা হবে

ঠিক তখনই তর্জনি তুলে কেউ দেখিয়ে দেয়

আমাদের অবমূল্যায়ন।

কালশত্রু

আপোষ করতে করতে স্বার্থপরতা দেখেছি ঠিক সেরকম–

যেভাবে মাংসাশী কোনো মৃত প্রানীর দেহ ছিঁড়ে খায়!

কেউ দিচ্ছে– স্বেচ্ছায় নয়, প্রতিবাদহীন এক বাধ্যকতায়,

হয়ত এদের জন্যেই– এ পৃথিবীতে

কোনোরকমে বেঁচে আছে এক ধ্বস্ত সময়,

যারা শুধুই নিচ্ছে– তারা কেউই অল্পেতে সন্তুষ্ট নয়,

আর এদের জন্যেই এ পৃথিবীতে না পাওয়ার যন্ত্রনা!

সময় ঠিক যেখানে দাঁড়িয়ে আছে,

সেখানে আলোয় ফেরার সংকল্প

কয়েক যুগ ধরে জমাট অন্ধকারে এখন

আবদার হয়ে উঠেছে।

ধ্বংসস্তুপ ভাঙতে ভাঙতে অস্পষ্ট এক ছায়ামূর্তি–

সবার অলক্ষ্যে এখন আমায় বুকে জড়ায়

সব লিখে রাখা হবে

আর শোনায়-- সময়কালের গল্প.......
আমি তখন সাহস করে অনেক চেষ্টায়
মানুষের আগল খুলে ফেলি!

আলো আমিও খুঁজি!
খুঁজি আঁধারের সেই স্তব্ধবিন্দু!
যারা সামনে গেছে-- তারাই
যেতে যেতে ভেঙে গেছে দূরত্ব হিসেবের মাইলস্টোন,
গন্তব্য কতদূর! কতটা পথ বন্ধুর!
সে হিসেব আর করি না!
আমার চোখের তারায় বিস্তীর্ণ আকাশ,
সে আকাশ ভাঙার ভয়ে-- আমি কাঁদি না,
মরতে কাঁদি না, মারতে কাঁদি না!

আমি নতুন প্রভাতের গান গাই,
আমার শরীরে বিঁধে যায় কার্তুজ,
আমি উন্মাদের মত--
তাই খুঁজছি না ব্যাথার উৎস,
পাচ্ছি না করুণ মৃত্যুর ভয়,

সব লিখে রাখা হবে

ঢাকছি না রক্তাক্ত জখম!

হ্যাঁ আমি --

রাতের অন্ধকারে মাটি খুঁড়ে বের করে আনছি

লড়াকু মানুষের কঙ্কাল,

দিনের আলোকে খুঁড়ছি কবর-- আমার শত্রুর কবর,

চিরশত্রু-- যারা আপোষ করতে শিখছে

এ জ্বলন্ত সভ্যতায় পোঁড়া দেহে

কোনোরকমে বেঁচে থাকতে।

জানি না কবে শেষ হবে --

আমাদের অন্ধকারে মানুষ চেনার তাগিদ!

এতটুকু জানি -- যে মুখ ছুঁয়েছি

তা আর কখনো মুখোশে ঢাকা থাকতে পারে না!

তবে অন্য মুখোশে

চিতাশয্যাকে সুসজ্জিত বিছানায় বদলে

আবারও কেউ আসে --

আর কিনে নেয় যথেচ্ছ মানুষ!

দাবি

না, খোলা রাস্তার উপর নয়,

একটু সংকটের দিকেই

মিশেছে আমাদের অন্তপাড়ের পথ!

এক বিরল বিক্ষিপ্ত এলোমেলো অনুভূতি

সমস্ত পথ চিরে তুলে নেয় মুক্তির রেশ,

ধুলোয় মেশে অবিচল প্রত্যয়,

প্রবল সংঘাত আর দ্বন্দ্বের মধ্য দিয়ে

অচল সময় এনে দেয়

পরিমন্ডলের টুকরো টুকরো বার্তা।

আর কোনো আপোষ নয়,

আমাকে দিতেই হবে উত্তরনের এক প্রেক্ষাপট,

নয়ত কাহিনীর আড়ালে

সময় গড়িয়ে যাবে এক অধঃপতনের রাস্তায়,

সব লিখে রাখা হবে

প্রচলিত রাস্তায় নয়,

বেপরোয়া ছুটবে সবাই আমার সাজানো রাস্তায়,

আর তুলে নেবে একের পর এক

আমার ধ্বংসাবশেষ।

একের পর এক সম্ভাবনা

বেখেয়ালে উড়িয়ে দেবার পর-

অবিনাশি অনুশোচনায়

ভুলের মাশুল গুনেছি,

কুড়িয়ে নিয়েছি ক্ষতবিক্ষত অহংকার

সকলের অন্তরালে,

প্রতিপলে অনুপলে সময়

হাতবদলের জেরে এখন

ধরা ছোঁয়ার বাইরে,

তবু এ অবেলায় খুঁজে গেছি

নিজের আকাশ আর পায়ের তলার মাটি,

আর শেষবেলায় বুনে রাখতে চাইছি

অদৃশ্য হয়ে যাবার একটা গল্প......

ধর্মযুদ্ধ

১.

আজ আমি তোমার গন্ডী থেকে বেড়িয়ে

শুধুমাত্র মানবিকতার হয়ে তোমায় প্রশ্ন করছি ধর্ম--

অজ্ঞানতার বশে, অবান্তর সংশয়ে

এতকাল পাথরের মাঝেই খুঁজে গেছি দেবতার প্রান,

অথচ তুমি কি অসীম ক্ষমতা বলে

মিশে গেছো রক্তের প্রতি বিন্দুতে,

শিরায় উপশিরায়!

ঈশ্বর বলে যাকে চিনিয়েছো....

তিনি কি কেবল নিছকই মাটির দেবতা!

কোথায় তোমার ফেরেস্তা,

যে ধর্ম রক্ষনে পথ দেখাবে!

যারা অধর্মের পথে --

জন্মসূত্রে ওদেরও তো একটা ধর্ম আছে!

সব লিখে রাখা হবে

তবে কেন ধর্মের লড়াই!

২.

রক্তকে বইতে দাও রক্তের মতই

বিশুদ্ধতায়,

ঢেলো না ধর্মের বিষ!

নোংরামী বন্ধ করো!

নয়ত পায়ের তলার মাটি

আবারও কুরুক্ষেত্রের নাম নিতে

সময় নেবে না!

দ্বিতীয় মহাভারত –এক ঘৃণ্য ধর্মযুদ্ধ!

কে হবে অর্জুন!

কেই বা তাঁর সারথি!

কে দেখাবে পথ!

মানুষের মাঝে ছুঁড়ি হাতে দাঁড়িয়ে শয়তান

ওর নির্দেশিত পথে--

তোমার হাতেই ভাঙাবে মন্দির!

তোমার রক্তেই ভাসাবে মসজিদ!

Just for you

Arranged a bunch of roses

In any one spring

In the cord of my warm love

And in the middle of an open heart

Just for you.

And now --

I have arranged a bunch of poem

In the morning.

No more in the empty living room

In the midst of indifference,

Just for you.

Yet you did not come,

In your tearless pride

সব লিখে রাখা হবে

And endless waiting

How many springs were lost

Unknowingly !

How many petals fell !

May be a fantasy --

You'll be back !